新しいツアープランと顧客の創造

旅行企画のつくりかた

小林天心

虹有社

はじめに

今世紀に入って以降、日本の海外旅行は低迷続きである。２０００年には史上最高の１８００万人まであと一息だった。それがこの10年間さっぱり思わしくない。２０１０年度の数字は１６６４万人。一昔前の１９８５年から10年間は、５００万人から１５００万人へと３倍もの伸びだったというのに。日本と他国の1年間の出国者数を、08年の人口比で比較してみよう。日本の出国率１２．５％に対し、韓国24・7％、台湾36・7％、英国１１２・４％。それぞれざっと日本の2倍、３倍、９倍である。ついでに外国からの来訪者を人口比で見てみると、日本の6・5％に対し、韓国14・2％、台湾16・7％、英国52・3％となっていて、こちらも2倍、3倍、8倍。

日本から出ていく方も、外客を迎え入れる方も大差がついている。日本としては、とてもこんなレベルで立ち止まっているわけにはいかない。

あの9・11を皮切りに、今世紀に入ってから世界的な大事件が立て続けに起こっているにもかかわらず、世界観光機関（UNWTO）によれば、世界中の国際人流は2000年からの10年間で、7億人から10億人にまで、40％も伸びている。さらに同機関は今後の10年間に、この数値が15億人まで伸びるものと予測している。大国際交流時代が到来しつつあるのだ。現実にアジア諸国を一回りしてみると、韓国や中国からのツアー客が日本勢を圧倒しまくっている様子が、はっきりわかる。

まだまだ十分な経済力をもつはずの日本が、なぜこれだけ国際交流に停滞しているのか。いろいろな憶測がなされているものの、はっきりした答えはまだない。決定的に重要なことを「装置」の面からひとつだけ挙げるとすれば、日本が首都圏空港（羽田・成田のコンビ）を、とてつもなく使いにくい状態のまま、何十年も放置してきたことだろう。国際ハブ空港の原則ともいえる、24時間自由に飛び込み飛び立てるという常識からはるかに遠い成田・羽田は、乗り換えに最低3時間半。そもそも国際線と国内線の乗り継ぎ結合などという発想がなかった。だから国内からも国際からも自由につながらない機能不全のハブと併せ、スポークの先としてつくり続けた96もの地方空港も、むなしく赤字を積み重ねるばかりである。60以上の外国航空会社に新規乗り入れを待たせながら、しかも既存航空会社の増便も思うにまかせない。話題のＬＣＣ（低価格航空会社）もまたしかり。にもかかわらず鳴り物入りの羽田空港の新国際ターミナルに至っては、まるでおもちゃ箱のようなサイズにすぎず、いまどきバスでの搭乗も少なくない。もちろん夜9時過ぎには開いている店さえほとんどない有様である。

これでは「ようこそ」どころか、「できるだけ来ないで」と言っているようではないか。つまり日本への国際道路を細いままに放置して、みな平気だったのである。このように肝心な国際交流の入り口を、完全にボトルネックにしてきたのは、必ずしも国の責任だけではない。

たとえば羽田の滑走路を6本にし、ホテル群や交通網も24時間対応にすれば、世界にもまれな都心まで15分という、便利で巨大なハブ空港が出来上がる。新幹線を羽田につなぎ、成田は貨物やチャーター便、ＬＣＣなどの専用空港に。こんな構想を打ち出し、その実現に向け国民の合意をリードするような「開国政治」、長期的視点からの国益追求を、産官学も正面切って考えるべきであろう。そこまでの視野を広げていかない限り、仁川や上海に追いつき、あるいはバンコク空港などと競いあえる展望は開けない。

こうしたことも含め、とりあえず自分は昨今の状況を、日本人の「鎖国遺伝子」のなせるわざと呼んでいる。海に囲まれているだけちょっと安心なのだが、その分どうしても遅れがちになる。研究に値するテーマではないか。それはさておき日本はやり方ひとつで、今後インバウンドもアウトバウンドも共に、3倍5倍と大きく伸ばすことができる。

人の交流が活発になれば、あらゆることがそれにつれ活性化してゆく。文化、社会、経済などすべてである。特にインバウンドの分野は、少ない投資の割に大きなリターンが期待できる、重要なビジネス分野である。もちろんアウトバウンドの活性化も同時に、将来的な日本の国際的立ち位置を決めるうえでの、きわめて重要なテーマとなっている。

ハード面におけるネックの一例を空港問題から引いたが、理由はソフトの方にも多くある。一般的に人が旅行という行動をとる場合、動機、時間、お金という3つの要素が欠かせない。よく時間がない、お金がないとは言うが、しっかりした動機さえあれば後のふたつは何とかなるであろう。動機の中には仕事、教育、健康、催事その他いろいろだが、つよい動機のひとつはいうまでもなく旅の魅力だ。

日本にはざっと1万社の旅行社があり、それらの多くは外国旅行も取り扱っている。ひとつの産業としてみる場合、これら各社が作り出している旅行商品やサービスは、全体市場の伸長におおきな影響を及ぼしているはずである。上記の他国などと比べ相当にはかばかしくない日本市場の動きは、日本の旅行業の「商品力」が弱まっているから、あるいははなから持っていなかったから、という仮説も成り立つ。つまり人々に対し、あこがれをかき立てたり、強い魅力、あるいはその他おおくの動機をもたらす、新しい、多彩な商品を旅行会社が提供できていないからではないか。消費者が望むものを十分に提供できていないのではないか。あるいは新しい商品の開発による新しい顧客の創造を怠っているのではないか。さらには旅行業界が自らのビジョンを描くことができないまま、市場を質的に拡大すべき機会をみすみす逸してきたのではなかろうか。

わずか半世紀ちかく前、ヨーロッパまでの航空券は給料の20か月分ぐらい優にした。国際航空券代はタマゴなんかよりはるかに安くなっているのである。それだけ旅行業各社は、各種商品開発がしやすくなっているのである。同時にあたり前のことをやっていたのでは、市場からどんどん見放されてしまう。

というわけで、その旅行商品をつくる人、販売する人たちに、もう一度原点に立ち返り、旅行企画のしかたの基本を、さらには商品、販促、流通、価格というマーケティング全体の見直しをしてもらいたい、そのきっかけを提供したい、というのがこの本の狙いである。

どうしたら売りやすい、あるいは売れやすいツアーがつくれるかという視点から、どうしたらお客様の満足を最大化できるか、リピートしてもらえるか、という視点へのシフト。取扱い人数より「望ましい収益の確保」という視点。当然ながらこの中には、新商品開発への投資や細心の販売促進、将来を担う国際的人材の育成コストまでが、含まれていなければならないはずである。持続可能な旅行業へ、あるいは付加価値創造の商品づくりという視点から、ツアープランナーの仕事を総合的に捉えなおす。これにより旅行会社の取扱人数が、2倍3倍に増えるなどということはありえない。むしろ人数的には減るかもしれない。しかし市場からその存在理由を認知され、評価される企業として伸びてゆくためには、避けては通れない道筋である。だからこの本は、プランナーというより先ず経営陣に読んでいただくべきかもしれない。そしてこれからツアープランナーを目指す人にも、ぜひ読んでいただきたいと思う。

Contents

もくじ

本書は、２００９年６月から２０１０年４月まで『トラベルジャーナル』誌に掲載された連載「旅行企画の技法」をまとめたものです。

Chapter 01

新しい旅行業は企画者から

旅行業をとりまく社会、市場、環境の変化が急である。21世紀は観光の時代と言われて久しいが、とりわけインターネットの普及により、情報産業としてのツーリズムは、その取引形態も大きく変わった。そうした中において、今後の旅行業を支える基礎となるのは、その付加価値形成の「旅行企画力」にほかならない、とされている。

旅に対する欲求は、人間の本能に近い。個体を維持するための食欲や、種を保存するための生殖活動とそう変わらない衝動なのである。自分の身の回りの感覚範囲を超えて、もっと大きな世界を理解しようとする知的欲求のことを、加藤周一は「文化的衝動」と呼んだ（『私にとっての20世紀』岩波現代文庫）。

しかしながら日本人の知的欲求や文化的衝動は、こと旅行に関する限り21世紀に入って以降、いささかの停滞感に覆われている。これにはいくつかのはっきりした原因があるのだが、日本のツーリズムによる商品力の減退や目新しさの喪失も、その一因をなしているに違いない。

海外旅行者数に関して言うなら、自由化になった１９６４年度の12万８０００人から、最近までの最高人数を記録した２０００年の１７８２万人へと、日本人のアウトバウンド旅行者数はほぼ右肩上がりの一本調子だった。なかんずく85年からの10年間は、ざっと５００万人から１５００万人への3倍増を記録している。

市場拡大の光と影

これは前年比でいうと、ほぼ13%もの増加が10年続くという大変な数字であり、文字通りの海外旅行ブームと呼べるような動きだった。この間、旅行各社は競って、急増する需要の処理に努力を傾注し、安易な数量確保や低価格による定型商品の大量販売に、持てる力を集中しすぎた嫌いがなくはない。文字通りのマスツーリズムを主導してきたのである。あえてシニカルな表現をするなら、「いかに安く、いかに大量に扱うか」が、大手旅行会社など各社の唯一絶対ともいえる価値基準となった。

しかしながら一方では、この傾向があまりに長く継続されてきたために、新しい商品の開発、魅力ある商品づくり、多様な品揃えによる新需要の開拓といった、通常の産業が本来持つべきはずである、「マーケティング機能」がないがしろにされがちだった。これは運輸機関や宿泊機関などからの販売手数料収入に会社経営を依存させてきたメジャーな旅行業者の、リスクや先行投資を嫌う性向による、必然的な結果とみることもできる。このため、21世紀におけるツーリズムの中核を担うべき、新しい旅行業への経営戦略転換を行えない企業が、多くその姿を消している。そしていまだに、多くの旅行会社において「付加価値創出機能の空洞化」は進行中である。わかりやすく言うと、過去の長きにわたる、大いなる市場拡大という「光」は、新商品開発を担うべき人材がいなくなった、育てられなかったという「影」をつくったのである。

高情報化旅行業を支える企画力

あらためて言うまでもなく、高度な情報化社会における旅行業、なかんずく「商品としての旅行」によって、その社会的な存在理由を問う企業の存在を支える最も基本的な要件は、サービスやホスピタリティを含む旅行商品の企画力にある。それにいかに高い付加価値を与えられるか。そして、それらが市場から十分な評価を得られるかどうかが問われているのである。

というわけで、この「旅行企画の技法」シリーズは、これからの新しい旅行業経営の基礎となるべき旅行企画者養成を主たる目的とし、特にアウトバウンド旅行分野におけるいろいろな手がかりを、マニュアル仕立てに書き上げてみようというものである。

ＪＡＴＡ（日本旅行業協会）ではこのような状況を踏まえ、07年1月に『海外旅行近未来戦略を中心とした、今後の旅行業のあるべき姿の実現に向けて』という中間答申を発表した。ここで述べられている旅行業界の問題意識も、基本的には前述のものと変わるところはない。旅行業界を代表するメンバーで構成されたこの検討会議に、私もオブザーバーとして参画し、答申作りに関わったので、その骨格部分を少し紹介しておく。

旅行業のあるべき姿

❶旅行業の目指す方向（Vision）

ツーリズムによる新たな文化・価値の創造、環境保全への努力を通じ、持続的な経済発展と友好・平和な社会の実現に貢献する。

❷旅行業の任務と使命（Mission）

①価値創造産業への進化

旅行業は「旅の力」による新しい価値をつくり、健全な経営から社会的評価を得、ゆとりある文化社会の実現をめざす。

②新しい需要の喚起

常に新しい需要をつくり出すためのマーケティング力を強化する。新しい発想による質の高い旅行や、旅行を手段としたさまざまな企画の提案を行う。

③観光立国の推進

国際社会における魅力ある国づくりのため、休暇制度や首都圏空港問題などハード・ソフト両面の整備に中核機能を担う。

❸右記のための8項目の基本政策と17項目のアクションプラン（略）

①の中で「旅の力」として挙げられているものを図に掲げておこう。つまり、これ

●5つの「旅の力」

1

文化の力 各国や地域の歴史、自然、伝統、芸能、景観、生活などについて学び楽しみつつ、それらの発掘・育成・保存・振興に寄与する。

2

交流の力 国際あるいは地域間における相互理解、友好の促進を通じ、安全で平和な社会の実現に貢献する。

3

経済の力 旅行・観光産業の発展による雇用の拡大、地域や国の振興、貧困の削減、環境の整備・保全など、幅ひろい貢献ができる。

4

健康の力 日常からの離脱による新たな刺激や感動、遊・快・楽・癒しなどを通じ、からだや心の活力、再創造へのエネルギーを充たす。

5

教育の力 旅による自然や人とのふれあいを通じ、異文化への理解、やさしさや思いやり、家族の絆を深めるなど、人間形成の機会を広げる。

らの中に謳われているさまざまな要素を、いかにこれからの旅行商品の中に具体的に取り込んでいくことができるか。これは先のVisionの中にも、「新しいライフスタイル、生きがい、価値観など提案しながら社会的評価を獲得」するのであるとの解説がなされている。言ってみれば、これらはすべて旅行業としての企画力、商品力の重要性を中心とした経営戦略の必要性を述べているにほかならない。

かつては全国民にとっての「憧れのマト」的な位置づけだった海外旅行も、身近な存在となったがゆえに、その憧れやみくもな希求が消滅した。収入との相対的比較からすれば、ずっと行きやすくなっているにもかかわらずである。もはや、誰でも買える一般商品と化した旅行では、人は振り向いてくれない。個人に突き刺さるメッセージは何か。マスに向かっての訴求より、個に向けての「提案」を考えざるを得ない時代なのであろう。

こうした事柄を前提としながら、次回以降、旅行企画の専門家に要求される諸要素につき、具体的な必要条件を検討してみよう。

ツアープランナーの条件

旅による感性のゆさぶりは、歴史に見るまでもなく、人々の限りない前進や活力の源泉となってきた。旅行業にとっての大きな使命のひとつは、こうした旅による夢と文化の創造をリードすることである。人は自らが体験した旅行の感動を、必ず誰かと分かち合いたいと思うであろう。ツアープランナーの原点はそこから始まる。

Chapter 02

ツアープランナーに必要な基本条件をいくつか見てみよう。

まず、感受性が豊かでなくてはならない。いろいろな所に出かけ、いろんな体験をし、人と出会っても、あまりピンとこない人が、実は少なくない。細かなことにいちいち感動はしないまでも、新しい知見に敏感に反応できる「感性」に乏しい人。こういうタイプは、旅行企画者にはなりにくいだろう。わかりやすい基準をあげるなら、どこであれ行ったところが好きになる、住んでみてもいいと思う、あるいは割と人に惚れやすい。そんな人はプランナーに向いている可能性が高い。もちろん旅行体験は多ければ多いほどいい。

しかしながら、感性を磨く方法がないではない。それは「感動体験」の機会をなるべくたくさん持つことである。美しい景色・自然体験、音楽・美術、いい食べ物やお酒、感動的な文学や映画。人との嬉しい出会いや悲しい別れ。こうした人間の六感にまで深く訴えてくる事象体験をなるべく多く重ねることが、感性を磨くことにつながる。医学的な見地からすると、人間をつくっている60兆の細胞は、普通の状態では全体の10％も働いていないらしい。

ところが、びっくりしたり、わくわくしたり、感動したりすると、「オン」になる細胞の数が何倍かに跳ね上がるのだという。そういえば、ラ・ロシュフコーは「われわれの持っている力は意思よりも大きい。だから、ことを不可能だと決め込むのは、往々にして自分自身に対する言い逃れなのだ」と書いている（『箴言集』岩波文庫）。つまり、人間の能力は、自分で考えているよりはるかに大きなものが与えられているということであり、見方を変えるなら誰しもが、けっこう意外な能力に恵まれている（かもしれない）のである。

コミュニケーション能力とは

第2点には情報受信能力、敏感なアンテナをいつも張り巡らせていられることだ。新聞などの記事、人の話、雑誌・本などの文献、もちろんインターネットからも多くある諸情報から、必要なものをいち早く選択キャッチできる能力や、その意欲がある

●ツアープランナーに望まれる7条件

1

旺盛な好奇心、豊かな感性と情報受信能力
わくわく体験をなるべく多く。新聞にもしっかり目を通そう。

2

日本語・英語の聞く、話す、書く能力
仕事以外の分野の本をよく読むこと。必読書の一例：辰濃和男『日本語の書き方』『日本語のみがき方』、いずれも岩波新書。

3

笑顔とともに元気な挨拶ができること
たぶんこれができない人は、ツーリズムには不向きかと思われる。

4

たくさん旅行をし、人と知り合いになれる
現場経験抜きの旅行企画などありえない、本来あってはならない。

5

自分の専門領域があることと、高いプロ意識
顧客の立場からすれば、素人に対価を払う気にならない。

6

こまめにメモをとり、情報の整理がきちんとできる
複雑な内容を表現しようとするほど、ひとつひとつの文章は短く、これをきっちり積み重ねよ――清水幾太郎（社会学者）。

7

健康で丈夫な環境適応能力
「郷に入ったら郷に従え」る、体力や神経の柔軟性。

ことである。たとえば、朝日新聞が09年1月に発表した「日本の里100選」にピンときた人はいるだろうか。日経ナショナルジオグラフィックから出された『いつかは行きたい　一生に一度だけの旅Best 500』（07年と続編が08年）を、しっかりチェックできているだろうか。

話題になっている文化的な催しやスポーツイベントにも、ぼんやりはしていられない。もちろんそうしたポジティブな面のみならず、事故や災害、病気の流行などネガティブな諸情報にも敏感でなければならない。インターネットの普及など高度情報社会といわれる現象は、逆に言うと、なんら役に立たないジャンク情報の氾濫にさらされていることでもある。よほどしっかりした情報選択基準を備えておかなくては、かえって混乱するばかりである。あえて言うなら、しっかりした教養＝知的財産の蓄積による価値判断の原則を、少しずつでも獲得していく以外にない。

第3点には、コミュニケーション能力を挙げよう。きちんとした挨拶や感じのいい笑顔、礼儀作法やスマートな身のこなしは、ホスピタリティの能力ともいえる。つまり、人間関係構築の際、その障害となる感覚的な敷居をできるだけ低く設定できることだ。人との出会い頭に警戒心を抱かせない能力といってもいい。さらに、しっかりした日本語を話すことができること。少なくとも英語で「通じる」会話ができること。そして、双方の読み書き能力。最近ではなぜかLiteracyなどという表現が使われる場合が多いが、パンフレットのコピーなど、自分で書けることが望ましい。余談だが、某国首相により正しい読み方が一般化した「みぞーゆー」などという表現は、リテラシー不十分のいい例である。

専門領域の獲得と信頼性

第4点は好奇心および「こまめさ」である。思いついたことを何によらず、いつもメモする。本を読んだら要旨を書きとめておく。前述した受信情報の多くは、放っておけばすぐに霧消するであろう。あるいは最近なら、ケータイでも簡単に写真が撮れる。これをメモ代わりに使う。また情報を系列立てて分類・整理できること。ここからひとつの旅行企画の仮説が生まれる。それを実地検証することから、新しい企画が誕生する。あるいはボツになることがあるかもしれない。

そして第5点目は、専門領域をつくるということである。後のほうでブランドにつき色々説明するが、この要諦は「信頼」と「差別化」にある。プランナーには自分の専門領域がなくてはならない。旅行というフィールドは仕事の対象としてみる場合、あまりに広く深いし、さまざまな分野が入り組んでくるからである。国とか地域ひとつとっても、世界には200以上もがひしめいている。旅行は目的でもあり、あるいは手段にすぎない場合もあるだろう。

自然や文化、イベント、スポーツ、その他もろもろの事象が旅行企画の対象となる。あぶはち取らずを避けるには、ある程度的をしぼった専門家として、その存在を際立たせるしかない。これは旅行企画者個人としてのみならず、旅行会社としての存在そのものにもあてはまる。医者や弁護士がそれぞれ専門領域を持っているのと同じ、と考えればわかりやすい。つまりお客様や市場の側からみて、その会社や商品が認められるか否かは、よそとの差別化が感じ取られているかどうか。しかもそこには、はっきりとした「信頼感」が存在していなくてはならない。

旅行商品には物理的な形がない。手で触れ確認する事ができない。それゆえ、他の商品に比べ企画者の役割が非常に重いと言わざるを得ないのである。なんの専門家になるのかは、まず自分の好み、次には市場可能性からくる会社組織の要請ということになるであろう。

組織が大きくなるにつれ、企画担当者という職域が固定化されていくが、先に述べたとおり、実は誰しもが企画者になれる可能性をもっている。というより、旅行業を職種として選択する人は、はなから企画者目当ての場合が多かろう。営業の現場は100%企画の勝負だ。したがって、望ましいことのひとつに、社内において常に「旅行企画コンテスト」のような募集が行われることがあり、われこそはと思う人は、常に旅行企画の仮説を作り続けることである。

Chapter 03

旅行業と飲食業の相似性

旅行会社はレストランである、という比喩がよく使われる。専門領域は日本食なのか、イタリアンか、中華か、フランス料理か。頑固オヤジが仕切る寿司屋、あるいは独特のダシが自慢のラーメン屋。立ち食いそば屋もある。形態はファストフードか、多店舗展開のファミリーレストランか。

多くのレストランや食堂にはそれぞれの持ち味がある。単に腹さえ膨れればそれでいい、という客はほとんどいないだろう。しかし、早い、安い、うまい、という3拍子が揃いさえすればいいという客もいないわけではない。味、雰囲気、サービスと料金の釣り合いは取れているか。その店のウリはどう特徴付けられているのか。同じ客がいつも同じレストランに行くとは限らず、その日の気分によって選ぶ店は違う。時にはファストフードでいいが、あるときは思いきった予算をかけることもある。いいレストランに規模の大きいところはまずない。いいレストランでデカデカと広告展開をするところもない。お客がお客を呼ぶ、という形の評価が積み重ねられてゆくのが一般的である。

材料を仕入れ、料理する。基本的につくった商品の在庫はきかない。マクドナルドや吉野家のような、大型の全国展開チェーンでさえ、それぞれの特徴を競っている。消費者はおのおのの価値基準によりそれらを選び利用する。多少味が悪くても文句は言わない。次に行かないだけである。どのような形態であるにせよ、規模の大小にかかわらず、飲食業は消費者から見てすぐにそれとわかる個性をもっている。

いたずらな価格競争を避けるために

同じサービス業ながら、旅行業はまだその域に達していない。消費者側から見て、違いがわかる旅行社は少ない。総合旅行会社としてのＪＴＢは誰でもわかる。エイチ・アイ・エス（ＨＩＳ）も企業イメージがはっきりしているから、この2社の区別はよくわかる。しかし、近畿日本ツーリスト（ＫＮＴ）と日本旅行の質的な区別が一般の消費者にどれだけできるのだろうか。クラブツーリズムとトラピックス（阪急交通社）の違いではどうだろう。

企業が掲げるビジョンからすると、両者とも相当はっきりしたコンセプトを挙げている。とはいえ、その商品群に、消費者から見ての違いが表れているであろうか。もしかするとお互いの企画担当者は「いつもウチのヒット作がパクられる」と嘆きあっているかもしれない。あるいは「よーし、1000円安く攻めてやれ」と、相手の売

●旅行企画に重要な13の視点

1
旅行のテーマは何か

2
どんな市場・客層に売るのか

3
シーズンはいつがベストか

4
日程と各地宿泊数のバランスをどうするか

5
他社商品との差別化はできているか

6
どのような（クラスの）ホテルを使うか

7
移動や観光の時間配分は

8
添乗員やガイドの人選・配備は

9
食事条件をどうするか

10
デメリット表示をどうするか

11
ツアーの定員は何人にするか

12
どこの航空会社を選定するか

13
望ましい販売価格はいくらか

れ筋を虎視眈々と狙っているかもしれない。中身が同じならば安いに越したことはないから、消費者はそちらに流れるだろう。専門店系の企画担当者から、こうした嘆きや憤慨は始終洩れてくる。

しかし、旅行商品の本当の良しあしは行ってみないとわからないし、食べ物の味も食べてみないとわからない。これが車や電気製品との大きな差なのである。その意味からすると、たとえばアルパインツアーサービス、風の旅行社、道祖神、ワールド航空サービス、グローバル ユースビューローといったような専門店系の旅行会社は、自分のお得意客の積み上げによって自社のブランドを確立してきた。よそとの違いをはっきり顧客に理解してもらうことにより、「いたずらな価格競争」から距離を置いている。さらに、旅行業法で言う受注型企画旅行は、まさにプロの世界、ツアープランナーの醍醐味はここにあるといえよう。

企画の条件を分析する

さて、旅行企画の諸条件について具体的に挙げてみよう。

まず、旅行のテーマは何かである。これをツアータイトルやキャッチフレーズではっきり訴求する。最近は本のタイトルも長いのがはやりだ。ツアータイトルを思いきって長くしてみるのも面白い。次にどんな市場・客層に売るのか。これにより旅行日数、日程の組み方、食事条件、宿泊施設、あるいは旅行価格まですべてが変わる。漠然と、広くあまねくという訴求は全く無意味である。デスティネーションのシーズンはいつがベストかにも着目したい。あるいは、そのデスティネーションのシーズンごとにどんな特徴があるかである。現地の人でさえオフと思い込み、意外な魅力に気がついていない場合だってある。望ましい日程は何日ぐらいなのか、各地宿泊数のバランスをどうするかも肝要だ。短くなければ、安くなければという〝旧型旅行業の2重拘束〟から離れ、ターゲットとする市場・客層を前提とする理想的な日程を考えてみる。ときには顧客への説得も重要である。

よその商品との差別化はできているだろうか。ここをしっかり押さえ、市場にもそれを理解してもらわない限り、いたずらな価格競争に巻き込まれる危険性が常にある。

特に新規顧客への説明は重要である。どのような（あるいはクラスの）ホテルを使うかもポイントだろう。場合によってはホテルそのものが一番の売りになるからだ。限定供給品をしっかり押さえ、競走を排除するという手法だってなくはない。企画と仕入れの腕次第である。

何をどう見せるか。移動や観光にどのくらいの時間配分をするかも考える。宣伝文句につられて、「行った、見た、帰った、2度と行かない」という客は意外に多い。売りやすければいいという南米4泊5日など、一種のダマシであろう。エスコート、アテンダント、ガイドあるいはインタープリターの人選・配備にも気を配る。全行程エスコートが同行か、スポットアテンドでいいのか、現地ガイドはどうするのか、ツアーの性格や目的地にもよるが、多くは客層との関連で決まる。

ある意味ではプランナーの腕のふるいどころともいえるのが食事条件だ。食事を付けるのか付けないのか。レストランの選定、メニューの選択。絶対に値切ってはいけないところだ。

デメリット表示あるいは注意事項の記載では企業姿勢さえ測られる。気象条件によっては内容が大きく異なる場合、道路事情、宗教的特異性による制限、訪問先により異なる社会常識、歴史や文化的背景など、相当な配慮が必要である。

さらに、ツアーの定員は何人にするかである。1台のバスに何人乗せるかで価格はおろか、サービスのクオリティーまで大きく異なる。慣れない客にはわかりにくいところだが、地域性と客層では評価が逆転する。航空会社の選定については旅行価格政策上、重要なパートナーという視点が必要となる。航空会社との2人3脚で、新しい旅行パターンを作る場合もある。取引上の信頼関係がないとうまくいかない。

以上のようなさまざまな諸条件と、企業サイドの必要とする利益レベルから望ましい販売価格が算出される。原価計算の中に調査・開発・教育費などを十分考慮することも忘れてはならないだろう。

旅行企画の情報を集める

いろいろな旅行情報が氾濫している。新聞、テレビ、雑誌のほか、インターネットなどによるパーソナルな旅案内も多い。ノンフィクション関係の本、友達の話。あるいは何げないニュースの中に、新しい旅行のヒントが隠されている場合もある。そんなたくさんの情報のなかから、旅行商品につながるアイディアを、いくつ拾い上げることができるだろう。

Chapter 04

ついこの間のことに思えるが、沢木耕太郎の『深夜特急』に触発されて旅行業を目指した人がいるかもしれない。大昔には小田実が『何でも見てやろう』を書いて、団塊世代の旅心をかきたてた。今の海外旅行のプランナーの必読書はなんだろう。

定期購読としては『ナショナル・ジオグラフィック』を挙げる人があるだろう。女性誌の旅行特集やＬＯＨＡＳ関連雑誌の記事に目を通す人も、結構多いに違いない。テレビ番組はどうか。ヤラセがみえみえのタレント放浪記なぞ見たくもない、という方々のほうが多いのかもしれないが、普段なかなか行く機会のない国や地域、世界遺産、自然や文化をていねいに紹介してくれる番組もある。新聞による情報は、ダイレクトに旅行とつながるものは必ずしも多くないかもしれない。しかし、関連情報やニュースの中から、思いがけない企画の手がかりが得られる場合だってある。世相や時代の好みといった、今の空気を読んでおくことも必要なのは言うまでもない。

依然として影響力が大きいのは映画だろう。いまや日本各地でも自治体がフィルム・コミッションまでつくって内外のメディアや、映画のプロダクションを呼び込んでいく時代である。国や地域の観光政策として映画を欠かすことはできない。ツアープランナーにとってのヒントをもらえる場合だってある。余談だが、かつてのような憧れをかき立ててくれる、「誰もが見た映画」が少なくなった。海外旅行の低迷は、ハリウッド製「ガキ向けドンパチ映画」オンパレードがもたらす悪影響もあるに違いない。

押さえたい情報源のイロハ

さて現在、日本におよそ90カ国・地域の観光局がある。観光局の役割はおおまかに言ってふたつ。まずは旅行業各社に対する新しい旅行情報の提供、もうひとつはマスコミに対する広報活動である。一口に観光局といっても、実態は本国へのレポート以外、具体的なマーケティング活動は何もやっていないところが少なくない。ここ数年、日本からのアウトバウンドが低迷する一方で、韓国、中国、インドなどの海外旅行市場が急成長してきた。そこで、予算を日本市場からそれらの国へシフトする動きも目立っている。

しかし、旅行会社の企画担当にとっては、観光局がおおきなニュースソースであることに変わりない。ふだんのコンタクトを欠かしてはならない。ファムツアー(Familiarization Tour)への参加という、願ってもない機会を提供してくれる場合も少なくない。日々の仕事が忙しいからという理由で、ファムへの参加を断る会社が多いと聞くが、現地調査という仕事は優先順位のトップに位置づけられていいはずである。

各種の旅行ガイドブックも、最近はいいものがたくさん出回っている。世界で一番売れているという『ロンリープラネット』は日本語版も出始めているが、国によっては英語版がずいぶん参考になる。

航空会社の営業にも、席を売るばかりではなく、デスティネーション情報に詳しい担当者がいることがある。一昔前までは、全部の航空会社が自分の国の、あるいはサービスネットワーク範囲のPRにものすごく熱心だった。旅行業者と2人3脚で新しい旅行企画の開発をしたことも少なくなかった。しかし昨今、彼らは先行投資をしてまでのデスティネーション・マーケティングをほとんどしないし、そうした余裕がない。むしろ販売経費を削減するため、マイレージプランなどによるビジネス客の囲い込みに必死である。とはいうものの、デスティネーション情報の仕入先から航空会社を外すわけにはいかない。

企画担当者としては、他社のパンフレットもしっかり収集しておきたい。何も真似をするためではない。あくまで参考としての話である。よく言われることだが、旅行の企画には著作権が適用されない。そのため、悪く言えばパクリ放題、全く同じ内容に見えるものが、他の会社からはるかに安く売り出されたりする。まさに恥も外聞もない商売が横行しているようだが、せめて企画担当者の誇りくらいは持ち合わせないと、いつまでたってもろくな仕事はできない。

時には当該デスティネーションにおける、現地の旅行会社や航空会社などの旅行パンフレット、機内誌が参考になる場合もある。何よりも新しいし、品揃えが多い。まことにきめ細かな企画に出会うことがあるし、ときには新しい宿泊施設や観光素材が取り入れられていることがある。

●ツアープランナーに薦めたい10冊の本

『旅行ノススメ』
白幡洋三郎／中央公論社●新日本八景から修学旅行まで、日本の旅行業の成り立ちから現在までを明快に語る大衆観光文明論。

プラムディヤ四部作
『人間の大地』『すべての民族の子』『足跡』『ガラスの家』
プラムディヤ・アナンタ・トゥール／めこん●インドネシア独立前夜オランダ植民地支配の実態と、民族意識の覚醒を描いたアジア文学の最高傑作。

『パレオマニア』
池澤夏樹／集英社●アクロポリスの乙女像からアボリジニの聖地まで、大英博物館を出発する13の観光旅行。

『ホアホア南洋光彩紀行』
荒俣宏／新潮社●ハワイをはじめカリブからモーリシャスまでの南洋を巡る、光と色彩にあふれた写真と文。

『ヨーロッパ帝国主義の謎』
アルフレッド・クロスビー／岩波書店●大航海時代以降西欧諸国の進出が、世界各地にもたらした衝撃を独特な視点からとても面白く描いた名著。

『コンゴ・ジャーニー』
レドモンド・オハンロン／新潮社●幻の湖を求めてコンゴへ。過酷な自然、先住民、風俗を描いた現代版「世界最悪の旅」。

『海の歌』
カール・サフィナ／共同通信社●いま世界の海はどうなりつつあるのか、地球環境と資源につき、旅行記として語る海からのドキュメンタリー。

『奇跡のエコ集落・ガビオタス』
アラン・ワイズマン／早川書房●コロンビア奥地のサバンナに、自然との共生をめざす理想郷を作り出そうとした果敢な挑戦。

『グリーン革命』
トーマス・フリードマン／日本経済新聞出版社●地球の温暖化、現状分析と対応策をわかりやすく語る。旅行業の対応はどうあるべきか。

『グローバリゼーション 人類5万年のドラマ』
ナヤン・チャンダ／NTT出版●貿易、宗教、冒険、戦争という要因の人類史。ベテランジャーナリストが書いた、わかりやすくてためになるマクロの世界史。

売れ筋に固執するべからず

現地のランドオペレーターからの情報も重要である。よく現地で聞く話に、彼らが日本の旅行会社に新しい情報や提案を持ち込んでも、担当者はさっぱり興味を示してくれず、二言目には「もっと安くしろ」というセリフしか出てこない、ということがよくある。

新しい企画へのチャレンジはなされず、旧態依然の「売れ筋」とやらにしがみついて離れない。せっかくの情報提供をないがしろにし続ければ、そのうちに新提案もされなくなる。企画担当者はどんどん現地へ出かけ、オペレーターの声に謙虚に耳を傾け、彼らと一緒に新商品を創り出すという姿勢も必要とされるであろう。

旅行企画の厚みを増すためには、こうした分野のバックグラウンド情報は不可欠である。国や地域のあらましはインターネットでもチェックできるが、なるべく広範囲な「教養書」関係にもできるだけ目を通しておきたい。ときには小説も大きなヒントを与えてくれることがある。

旅行の企画は常に、次の売れ筋づくりを欠かしてはならない。売れ筋と手直しと、新コースそれぞれ、3分の1くらいずつのバランスがちょうどいい。売れ筋に固執してばかりいたのでは、旅行ビジネスは先細りするばかりである。いよいよこれから、旅行企画者の実力が試される時代がやってくる。

現地調査の仕方

実際に現地へ赴かなくても旅行の企画は立てられなくはない。デスクワークによる仮説どおり、いくらでもツアーは作れるし、売れる、という主張もあるだろう。それは否定しない。しかし、そこには「感動の共有」という旅作りの原点がない。現地において感じた五感の働きや、自分ならではの発見にもとづく旅行企画であるかないかは、「旅行という商品」を語る場合の決定的な差になるだろう。

Chapter 05

現地調査で必要なことの第一は、徹底的にメモを取ることから始まる。そのためには手のひらに収まるサイズ、縦12センチ×横8センチ（B７判）くらいの縦型ルーズリーフ型ノート（１００枚つづりほど）が使い勝手がいい。これを常にポケットに入れておく。そしてまずは日記風に日付、天気、気温などからメモを始める。１ページ書いたら裏面には記入しない。テーマ別に、ページの右上にでも見出しを付けておくと、後で整理しやすい。取材終了後に全部ばらし、テーマ別の山に仕分けるのである。これ１冊でほとんど用が足りるが、万一を考えてスペアをもう１冊用意しておきたい。筆記具は万年筆やシャープペンよりボールペンのほうが面倒がない。

メモする事柄はおよそすべてにわたるが、特に距離、時間、料金や値段、温度、高さや海抜、広さ、などの具体的な数値は重要である。現地で入手するパンフレットなどからは、形容詞などよりこうした数値、事実関係だけを拾い出し、あとは捨ててしまう場合も少なくない。

次に大切なことは、自分がどう感じたかを簡単明瞭にメモする。風景、音、匂い、味、感触、フィーリング。六感の働きはメモしておかないと、すぐに忘れる。それから人の話、エピソード、印象的な出来事など。現地の人との何気ない会話から、思いがけない情報が拾える場合がある。

歴史や文化に関する見聞も、メモする分量が多いだろう。その国や地域の歴史的背景を知ることは、旅行の企画にとって不可欠だ。特に現地の博物館には足を運ぶ必要がある。人々の暮らしとか民俗、社会に関する事象にも、注意を配りたい。

フィールドワークには、できるだけ詳しい地図を欠かすことができない(注)。出張前に入手できればよし、そうでなければ現地到着後なるべく早く手に入れ、どこをどう回ったか書き込んでおく。それから、人名や固有名詞などをメモする場合は、必ずスペルを確認すること。なかなか現地風の発音を正確に聞き取る事は難しい。時には取材ノートを差し出し、相手に記入してもらってもいい。

もう一点大切なことがある。初めての所へ行ったら、一番高い所に上ってみることだ。山でもビルでもいい。そこから四方を見晴らし、その地域のざっとの印象を刻んでおく。方向感覚もこれによってかなり楽につかむことができる。

フィールドワークと写真撮影

デジタルカメラが出現してから、取材活動がとても楽になった。いつでも撮れるし消せる。数字や表、地図、標識、説明文、珍しいものなどをメモ代わりに取り込める。印象的な風景や出来事は言うまでもない。フィルム代のことなど心配する必要がないのは実にありがたいし、気楽だ。素人にだって思いがけずいい写真が撮れる場合がある。あるいは素人ならではのリアリティーのある写真を、実際の旅行パンフレット用に使えることもあるだろう。かつては高い料金を出してプロから借りていた写真を、全部自前のものに切り替えているプランナーもいる。旅行企画者のセンスと写真家のそれは共通点が多い。カメラも使いこなしてゆくうちに、素人なりにそこそこ使える写真が撮れるようになる。

撮影する写真はおおまかに2通り。1つは観光的に魅力的な風景やシーン、もう1つは具体的な事象の説明用である。前者は誰しもがこれぞという1点をモノにしたくて懸命になる。旅行企画の担当者だって、自分の写真が感動を誘う作品になれば嬉しい。しかし、おろそかにしてはならないものは後者である。たとえばその地の建物、料理、服装、風俗、人々、子供の笑顔、独特な事物、花や動物、ユニークな看板、時には落書きなど。「おやっ」と思うことなどは、とりあえず撮っておく。こうした写真は、パンフレットに現地情報として使えるし、旅行内容にリアリティーをもたらしてくれる。とりたてて芸術的である必要もない。ひとつ大切なわきまえは、人にカメラを向ける時、必ず事前に承諾してもらうこと。決して無礼があってはならない。

いい写真が撮れる、というのは多分にラッキーというか、ツキに恵まれることが多い。ぼんやりしているとせっかくのチャンスを逃してしまう。そういう面からすると企画者が使うカメラはなるべく簡便な、つまり操作が楽でポケットからすぐに出せる、手軽なものの方がいいだろう。ポスターに展開するような高画像なものである必要はなく、せいぜいA4位に引き伸ばせれば十分だからである。

それから、いい写真を撮ろうと思ったら、早朝と夕方を逃してはならない。思いがけないシーンに出くわすことがあるし、朝日や夕焼けの風景はほんの一瞬が勝負だ。

●フィールドワークの10原則

1

一番見晴らしのいい所に上って見よ

2

事実関係や数値を正確に把握する

3

固有名詞は必ずスペルチェックを

4

地図はなるべく詳しいものを入手

5

人の話をたくさん、よく聞くこと

6

博物館や本屋にも足を運んでみる

7

資料や文献になるべく多く目を通す

8

五感をフルに働かせ、感じ取る

9

風景と具体的事象の双方を撮影する

10

歴史や文化などを包括的に把握する

けっして2度と同じチャンスがめぐってくることはない。そして原則的に、風景写真には必ず、人や人とかかわるモノをさりげなく入れるほうが臨場感が出る。単なる絵葉書的にきれいな写真は面白みがない。見た人に現実感を与えるには、人間の匂いや存在が必要なのである。

写真についてはもう1点。できるだけ撮った写真を早く見直し、手ぶれなどの失敗作、同じような絵柄のものなどを削除しておくことである。調査旅行終了後などに回しておくと、枚数が膨大になり意外に面倒な手間になってしまうからだ。

資料・文献の収集と取捨

現地で収集した資料やパンフレットにはなるべく早く目を通し、必要な情報だけメモする。調査旅行終了後になどと考えていると、重い資料を抱えて帰ったまま、結局何もしないで捨てることになりかねない。それから現地ではせめて一度、本屋をのぞいてみることを勧める。そこで必要な範囲の文献や資料を入手する。歴史関係などは中高の教科書レベルのもので十分である。現地の人に聞けば教えてもらえるであろう。買うべき文献など、意外に本棚や平積みの中から訴えかけてくる場合が多い。個人的なお土産としては、写真集などに結構いいものがある。こちらは重くかさばりもするから、帰りの空港の書店のほうがいいかもしれない。

企画担当者としての心得に必要なことは、その地域や国のいわゆる「観光知識」にだけ詳しくなることではない。歴史、文化、民俗などについて、なるべく包括的な知識を得、理解を深めること。こうしたことが旅行企画に深みを与えてくれるであろう。したがって現地調査の前後、とくに帰国後における、文献の読み込みによる知識と、自分の直接的な見聞との突き合せは重要である。現地ガイドさんなどからの情報に間違いがあることも少なくない。個人的見解もあるにちがいない。帰国後に読む文献はよく頭に入るし、知識を深める喜びも、出発前よりはるかに大きい。

（注）発展途上国では、期待するほどの詳細な地図を入手することがむずかしい場合がよくあるから注意したい。

Chapter 06

目的特化型へのアプローチ

長い間日本の旅行業界は、最大公約数の旅行需要に対しどれだけ多く売るか、という数量を競ってきた。旅行会社の販売戦略が、航空会社の座席販売戦略に乗っ取られてしまったケースも多く見られていた。しかし今や、旅行も最小公倍数の需要を想定し、そこにどのような商品やサービスで対応するかという、付加価値競争の時代である。

オタクツーリズムという呼称がある。北海道大学観光学高等研究センターの山村高淑准教授は、オタクというのを「自らの内的世界を最重要視することで、興味のある対象に没頭するタイプの人々」と定義している。そしてこのオタクたちが、あるアニメをきっかけに、今までになかった新しいツーリズムの流れをつくり、地域振興として注目するべき現象をつくり出した、埼玉県鷲宮町の事例に着目している。

オタクというのはもはや危なげな、引きこもりを表すコトバではないらしい。このあたりについては、旅の文化研究所が発行している「まほら」No.60（09年7月）が詳しい特集を組んでいるので、そちらをご参照いただきたいが、アカデミズムの中からはいち早く、こんなネーミングも出始めているのである。

旅行業界では昔から特定のセグメントに対する旅行商品のことをSpecial Interest Tour（SIT）と呼んできた。目的特化型旅行のことだが、オタクツーリズムという名のSIT市場は今後どのような展開を見せてくれるだろう。これをも含め、これからの旅行業は、こうしたさまざまなSIT需要群に対しどれだけきめ細かな働きかけができるかにかかっている、といっても言い過ぎではない。

冒頭の「最大公約数の旅行需要」より「最小公倍数の需要」を狙うというのはこのことである。あるいはピンポイントのマーケティングにより、量的には小さくても望ましい収益が確保できる方向性についてである。

受注型企画旅行の時代

海外旅行の販売手法も、第1種の旅行業者に限られていた一般募集型のパッケージツアーが、特定範囲に対するオーダーメードの企画提案型なら、小規模の第3種でも販売が可能になった。いちいち料金の内訳を明示しなくてもいい、「包括」としての付加価値を主張できるのである。

これは小規模旅行業にとってまことに理にかなった変化だろう。自分はかねてから、旅行業に働く面白さや醍醐味は、旅行の企画を立て、セールスし、自分でそのツアーをエスコート（添乗）することにある、と考えてきた。企画・販売・添乗の三位一体こそが旅行業の原点だし、これによる顧客の積み上げこそが、旅行業経営（特に中小規模）の基礎に置かれるべきであると確信している。

しかしながら、一般的には大きなサイズの旅行業者になるほど、これらの機能が分割され、添乗に至ってはこれが外注されてしまうことさえ珍しくない。だいいち添乗という呼び方自体、「あってもなくてもいい」存在のような響きがある。本来はツアーディレクターと呼ぶべき役どころだ。ツアーコンダクター＝ツアコンという呼称も何やら軽い。それもこれも、この添乗と呼ばれる業務が業界内部でも軽々しく扱われ、そのことがそのまま消費者や社会からの評価に現れてしまっていると言えなくはない。

話がそれたが、ここで言いたいのはＳＩＴという一見小さな、あるいはオタクっぽいフィールドの市場が持つ、旅行業にとっての大きな可能性についてである。旅行業としての個性を主張しやすい、よそとの差別化が容易な分野に特化して仕事を進めるというのは、健全な旅行業経営の原点である。商品であれ、サービスであれ、利便性であれ、商圏であれ、同じことである。消費者から見てそれらが評価されない旅行会社は、もはや市場から退場せざるを得ない時代になった。ＪＴＢがその経営ビジョンを、旅行から文化交流へとシフトした背景には、そのような大きな社会の変化がある。

極小市場セグメント

そのＳＩＴだが、ここではデスティネーションの特殊性などに関しうんぬんしない。テーマをざっと挙げてみよう。自然系なら、温泉、森、樹木、花、山、朝日と限りない。人文系からは、歴史、遺跡、宗教、巡礼、文学、音楽、さらに趣味の世界は広い。ハイキングやスポーツ（するほうと見るほう）各種。そして飲食がテーマとなる旅行があるし、お祭り、各種イベント、テーマパーク、産業観光という分野、エコツーリズム、グリーンツーリズム、ソフトアドベンチャー系、ロングステイ等々。

よく知られているのは、「旅は道連れ」を企業のコンセプトとするクラブツーリズムだが、扱うジャンルを細かく限定して、ずっと奥深く突っ込んでゆく手法である。同窓会、クラス会、カルチャースクールそのほか。対象となる市場に限らず、地域限

●学生・若者市場へのマーケティング・キーワード群

個人
語学研修、スポーツ、音楽、オタク系、アルバイト、契約社員、引きこもり、就活、婚活、健康、ケータイ、インターンシップ

集団
サークル、クラブ、ゼミ、体育会系、部活、ボランティア（社会貢献）活動、NPO、アジア・アフリカ、国際交流

国際
ワーキングホリデー、留学、ホームステイ、探検、放浪、NGO、発展途上国支援、平和活動、大学間交流、歴史・文化・民俗

環境
地域振興、エコロジー、スローライフ・スローフード系、自然食品、LOHAS、地域文化、景観、植林、農業、林業、里山・海・川

定、期間限定もある。同じ場所でも季節による魅力やセールスポイントがガラリと変わることもある。

もちろんいくつかのテーマが重なる場合もあるに違いない。旅行会社としては担当者個人の営業力・能力に依存しすぎ、システムとして成り立たないと感じる向きがあるかもしれない。しかしながら、こうしたテーマ別のアイデア、旅行の企画力を基本に据えた「本来の」旅行業は、こ

れからがいよいよ勝負時である。日本人の外国語読解力の低さに依存するだけではない、旅行業らしい知識、サービス、ノウハウによる地道な努力の積み重ねが独自のブランド形成のよりどころとなる。優れたプランナーは優れたセールスマンであり、また同時に優れた添乗者でもある。高いコミュニケーション能力が顧客満足を高めると同時に、次のツアーを企画し、販売することにもつながってゆく。顧客の満足がそのままブランドの維持、強化につながる。

つまり市場のセグメントを最小化し、それに特化したきめ細かなツアーを創ることこそ、規模を追わない、当連載の3回目で述べたレストラン経営に近い業態である。その中核に位置するのがセンスのいい旅行企画者ということになるだろう。

新しい旅行文化を創る

以上はすでに「専門店系」の旅行業各社によって部分的な開発が進んでいる。冒頭に紹介した山村さんは、オタクがオタクツーリズムへと進展する過程を次のような3

段階で説明している。①漫画・アニメ・コンピュータゲームの統合などによるコアなファン集団の形成、②インターネットによる新たなコミュニティーの形成、③ツーリズムへの展開、という順序である。これがあらゆるSITの分野に適応できるわけではない。しかし旅行という消費活動を、今までのような見方で固定的に捉えていたのでは、少なくともこうした新しい需要に対応できないばかりか、もちろん新しい需要の形成もできないだろう。

ビジネス客を除けば日本の海外旅行客は、実質年間数百万人レベルでしかないとも言われている。人口に対する出国率は台湾の3分の1、韓国の2分の1でしかない。その分析はさておき、このまま日本が国際的に「引きこもり」状態を続けるのかどうか。制度や装置面の改革は別として、旅行業サイドからはプランナーがその持てる力を発揮し、新しい旅行文化を創り出す気概を持たなくては、日本のツーリズムに明るい未来は見えてこないだろう。

Chapter 07

個人への企画旅行提案

車のメーカーなど、不景気のせいで新聞広告を手控えているスポンサーが多いらしい。通信販売などの広告が増えた。広告掲載料が大幅に割り引かれているのだろう。

昨今は旅行関係の広告出稿が激しい。36ページ建て朝刊の10ページにもわたり、ツアー広告が掲載される日が珍しくない。そして例外なく9と8の数字が踊っている。

まるでスーパーのチラシである。新聞広告に掲載されているツアー価格は、その下4ケタほとんどが9800という数字になっている。もう少し頑張ったらしい88という数字にもお目にかかる。長年の経験則から来ているのであろう、このような価格付けを〝98症候群〟と呼ぶ。全面を使った広告紙面は、例外なく何コマかの枠に分けられ、コース別のレイアウトになっているが、中央にこれでもかとばかり大きく旅行代金が打ち出され、98シンドロームの数字だけが目に飛び込む。こういう打ち出しやレイアウト自体、その会社が積み上げてきた独特な様式なのだろう。しかも数字の脇に「な、なんと!」とか、「驚きのこの価格!!」とかの文字がかなりの確率で躍る。企画担当者の、「ちったー驚いてくださいよ~」という切なる願いが伝わってくる（こないか）。

いまどきこれかよというツアーもたくさんある。たとえば、中欧3カ国の6大クリスマス・マーケットを6日間で回る。「なんと!!」ウィーンに4連泊で9万9800円。スロバキアとハンガリーに足を延ばす。企画担当者のサービス精神は見上げたものだが、顧客のリピーター化など期待していない。この時期、この地域にこの価格で、どれだけたくさんの客を送り込むかだけが目標になっている。A航空のらくらく往復直行便となっているところからすると、かなりの数字を達成しないことには利益も見込めないのだろう。日程表を見るとフルに使えるのは中3日。高齢の人は、途中でひきつけを起こすかもしれない。行程がきついから体力が不十分な方は楽しめません、というただし書きがつけられているわけでもない。この手のツアーの達人なら、ウィーン到着後は自由行動にして、勝手にオペラでも鑑賞して回るという用途に使うかもしれない。

たぶん担当者は「顧客が選ぶ、よく売れる、何が悪い」と反論するに違いない。安さこそが最大のサービスと信じている。あるいはこうした広告展開により、潜在顧客リストが蓄積されていくのだから、マスメディアを使用するマーケティング手法としては決して悪くはないと理解している。

個人に企画を売る知識と説得力

マスツーリズムのあり方として、こうした手法を一概に否定はしない。しかしながら、旅行というのはある種の文化産業でもあり、見てくれの売りやすさのみに頼った企画を評価することは難しい。はっきり言うなら顧客の無知につけ込んだ企画と言えるのではないか。10日間12都市巡りといった〝お得ツアー〟は、皆が息も絶え絶えになるだろう。「行った」という事実だけ残り、行った先のイメージも旅行会社の評価も台無しである。

デスティネーションをよく理解してもらい、また来たいと思ってもらう暇がない。参加者による帰国後のネガティブPRを考慮するなら、こうした企画は結果的に〝デスティネーションつぶし〟であり、ある種の〝市場つぶし〟になっている。サービス産業における顧客満足度を最優先にする企画というのは、低価格志向とは相容れない場合が多い。もう少しスマートなやり方はできないだろうか。

さて、このようなマスツーリズム手法とは一線を画した個人旅行の企画について考えたい。企画提案型ＦＩＴである。たとえばカップル2人、自分の家族3世代6人、あるいは知人4人、同窓生5人でといった数人の旅行形態を想定する。多くてもせいぜい10人ほど。絶対に満足してもらわなくてはならない。こういうケースは旅行業に働く人の周りにも結構多く見られるに違いない。このような需要に、安いからという理由で大型団体パッケージを紹介するのではなく、個別手配の企画旅行を提案する。要求のレベルに従った、あるいはこちらから勧められるホテル、観光の内容や行き先を選ぶ。車とガイドを手配する。レストランやメニューも選んでみる。何かの催しやコンサートが入るかもしれない。徹底的に相手の希望を聞き、それに応じた内容にする。これこそ、そこらあたりにはないオーダーメードの企画ですと、自信を持って提案する。場合によっては、自ら添乗することになるかもしれない。

アジア諸国などでは、特に車・運転手・ガイドという3点セットの経費は高くないし、日本語のドライバー・ガイドが用意できることもある。1日あたり2万～3万円として、1週間15～20万円。ハイヤーを雇うと同じだから、その利便性と快適さを考

●ツアープランナーに必要な諸条件

1
デスティネーションをよく知ること

2
それをわかりやすく表現できること

3
人をひきつけるコピーが書けること

4
マスメディアとのコンタクトを持つこと

5
顧客にしっかり満足を約束すること

6
説得的なコミュニケーションができること

7
品の良いパンフレットが作れること

8
顧客に合わせた商品が作れること

9
常に新しい企画を考えて商品化すること

10
個々の旅行から十分利益を確保すること

えるなら決して高いとはいえない。国によってはこれでお釣りが来るところも少なくない。ゆっくり、自分たちだけの、いい旅行が保証されるなら、そちらを選ぶ人はかなり多いのではなかろうか。

満足という約束を果たすこと

アジアだから安く短くといった思い込みを、まず排除しよう。大都市やビーチ以外にアジアの魅力はたくさんある。自然や文化の多様性は驚くべき奥深さをもつが、市販の安近短ものには全くといっていいほど、これらが反映されていない。というより、ヨーロッパと北米の一部を除いた地域への旅行は、過去40年近くその内容に変化がない。物珍しさや憧れ、あるいは横並び意識のみで、画一的な旅行需要が拡大したのは90年代まで。これまでのマスプロ商品の寿命は、とっくに賞味期限が過ぎている。加えて、一般的には収入と時間の両面とも、かなり追い込まれた状況になっているから、可処分所得内における消費の優先順位では、旅行が占める地位が下がり続けているのだ。したがってマスの需要を追い求めている旅行会社の経営は楽にならない。価格を下げる以外にとるべき手法がないからである。しかし、小規模でありながら企画内容優先で勝負という旅行業の経営はこれからである。40人の団体に大汗をかきながら、四苦八苦した挙げ句に文句を言われ、わずかな利益しか残せないといったビジネスモデルに引きずられてはならない。個人旅行に近いところで十分なデスティネーション知識を武器に、顧客の満足を最優先にした企画の提案と、その説得力。そこを原点とした専門的な旅行によって、コツコツ市場を広げていくしか、大手数社以外、旅行業として生き残れるところはないだろう。

東北3大祭りを、まとめてタタキ売ってはいけない。分割して3回分の企画を考えよう。10都市巡り10日間を10回分のツアーにしてみよう。アジアの国々へ10日間のツアーを提案しよう。アフリカや南米へ4週間のツアーを売る。これなら売れるという自信を持たなくてはならない。仮に2人のツアーでも、きちんと利益を確保できること。広告費などを使う必要はないし、そんな余裕もないだろう。しっかりしたブランドを作り、それを維持するのは、顧客への「満足という約束」である。

Chapter 08

新しい旅行企画への挑戦

旅行の情報収集、現地調査に始まり、目的が特化されたツアーや、個人・小グループに対する企画提案の必要性を見てきた。70年代以降の旅行市場高成長を支えてきたマス企画に対し、高付加価値型の旅行を提案することによる、新たなビジネスフィールドを獲得できるか。量も質も、そして量から質へ、選択肢は2つである。

新しい旅行先、あるいは新しいツアー企画の仕方を考える。現地調査については連載5回目で触れた。まずは、デスティネーションの歴史的背景をきちんと押さえることから始めよう。その地域の今に至る歴史のあらましを理解しておくことは、ツアーの性格いかんにかかわらず大切である。事前の現地調査後に各種文献に目を通すのは、調査前に目を通すのとは違って、はるかに理解度が高くなることも、あらためて触れておきたい。どんな人々が住み、どんな暮らしをしているのか。自然風物のみならず、民俗や文化的な理解には、文献からの助けが必要不可欠といっていい。

ツアーの組み立ては、どのような旅客対象に売るかを限定することから始める。「皆さんいらっしゃい」という呼びかけは無意味だ。年齢層、目的別、あるいは地域、特定クラスター。20代の好みと30代のそれとでは相当な開きがある。「何を、誰に売るか」は常にセットで考えなければならない。商品と購買者をマッチさせることは、旅行マーケティングにおいても基本中の基本である。

この限定によって、出発日や設定本数、旅行日数、滞在地・訪問先、ルーティング

（訪問順序）、利用するホテルの特定あるいはカテゴリー選定、利用航空会社の選定、望ましい旅行価格などが決められる。販売経費にどの程度コストがかけられるのだろう。この間には、現地ランドオペレーターとのやりとりが入ってくる。時には直接の手配が必要かもしれない。

さらに、航空会社との協力体制づくりや、当該地域の観光局または大使館に対する協力要請が必要となる。かつてのように航空会社が積極的にデスティネーション開発にかかわるケースは、あまり見られなくなってきた。とはいうものの、ツアーの発地と目的地を結ぶ橋の役を担う航空会社の存在は大きいし、特に新しい商品開発に対する航空会社の理解と支援は重要である。運賃の取引価格は利用予定座席数のボリュームによって決められることが多い。しかし新しいツアーや市場の可能性を引き出すため、時には量とはかかわりなく、新しいチャレンジに対する支援という性格の、「クオリティー・インセンティブ」を要請する場合もある。現在の売れ筋から次期の売れ筋作りへの努力は、航空会社にとっても欠かすことのできない作業であるからだ。

売れ行き優先か事後の満足か

同様の理由により、観光局との協働も不可欠だ。観光局の主たる使命は、常に新しい地域の紹介や、新しい旅行商品の可能性を探ることにある。それに基づく広報宣伝活動も重要な作業のひとつ。ＰＲ予算に関しては、単なるパブリシティーではなく、具体的なツアープランとセットで訴求するほうが効果が高い場合が少なくない。各々の観光局における予算規模にもよるが、広告展開の際の費用分担、ＰＲ面でのバックアップ、パンフレット作成費に対する支援などが協議の対象となる。あるいは最初から、旅行会社、航空会社、観光局の協力体制のもと、新しい試みをスタートさせられることもある。3者3様お互いの利害関係が一致するケースは少なくない。いわば三位一体としてのツアープロモーションが、新企画の立ち上げにはもっと強く意識されていいのではないか。日本に観光局のない国や地域に関しては、大使館がＰＲの役割を担うところがあるから、そうした機能を活用する可能性をも常に視野に入れておく必要がある。

旅行の企画について一番注意すべきは、限られた日程に何をどう入れるかの選択である。あれもこれも入れてしまえば、シロウト相手には売りやすい。しかし売りやすさと旅行の満足度は反比例する場合が少なくない。このさじ加減と説得力が、ツアープランナーの力量を左右すると言えるかもしれない。ビジネスとしての持続性を重視するなら満足度は最優先事項だが、まず売れないことには満足度も計りようがない。その旅行会社あるいは企画担当者に対し、顧客による信用度がしっかりある場合、こういう悩みは不要だ。新規顧客を対象とするときの悩みは深刻だろう。後者の場合、どうしても売りやすさ優先になりがちで、その結果は常に新規顧客へのアプローチを繰り返さざるを得なくなる。つまりマーケティングの教科書によく語られる、反復顧客と新規顧客への販売コストを比較すると、1対4などという数字はこれを指す。たとえ規模は小さくても、サービス業における基本は、あくまでリピーターをどう確保するか、その満足度の最大化をどう図るかにある。以前に飲食業と旅行業の類似性について述べたが、顧客からの信頼獲得の地道な努力を、コツコツ積み重ねていく以外

●新しい旅行企画の諸原則

1

旅行先の歴史をきちんと把握しておく

2

販売対象と企画の内容は不可分である

3

航空会社や観光局との協働を前提に

4

クオリティー・インセンティブの主張を

5

ときに地元の常識は疑ってかかること

6

よそ者の視点や感性でしっかり見よう

7

売りやすさより旅行後の満足を重視せよ

8

シーズンにより別の中身を用意する

9

価格より中身の勝負を常に心がけよう

10

洗練されたキャッチコピーを考えよ

に確実な成功への道はない。

あくまで企画で勝負する

デスティネーションによっては、観光素材の季節変動が激しい場合が結構ある。同じパターンのツアーでも、季節によって訴求するポイントを変えなくてはならないケース。また通常その土地の人たちの思い込みにより、オンとオフががっちり作り上げられてしまっている場合も少なくないから、四季それぞれの魅力の発見、土地の常識にとらわれない企画者の「お宝探し」の視点をしっかり持たなくてはならない。「こんなに素晴らしい素材をなぜ放っておくのだろう」という、よそ者の素朴な疑問から生まれた例がオーロラだったり、夕日だったり、巨樹だったり、花だったりする。現地の人たちには耐え難い寒さそのものが、雪のない地域の人たちにとっては魅力なのである。さらに旅行企画にとって大切な価格設定がある。どうしても少しでも安く、という方向に引きずられがちなのだが、価格は商品を構成する諸要因のひとつにすぎない。内容に差がなければ、価格の安いほうが選ばれる。したがって内容と価格の整合性を、どのようにパンフレットなどで説明し説得できるかは腕のふるいどころである。市販のツアーを見ていると、なぜこんなにいい内容なのに、こんな安い価格で売らなければならないのだろう、と思わせられることがある。持続的なビジネスのためには、新商品の開発経費や社員教育のコストも常に念頭に置かれなくてはならない。目先の販売量確保のためにそういった採算が度外視されてはならない。低価格志向への強迫観念から自由になるためには、正面きっての企画内容勝負を常に心がける以外ない。

サプライヤーを泣かせ、利益を削り、あらゆる経費を圧縮しながらあげくの果ては人件費までを切りながら、その結果「安売り」「シェア稼ぎ」のみという位なら、旅行業など止めてしまった方がいい。

というようなプロセスを経て、ようやくツアーパンフレットの制作が俎上に載る。ツアータイトルをどうつけるか、キャッチフレーズをどう書くかに、かなりの力量とセンスが要求されるだろう。そして、ツアーのイメージシンボルに何を持ってくるのか。次回以降、細かく見ていく。

Chapter 09

旅行商品の因数分解

いままでツアープランナーとしてのわきまえや、旅行企画の諸条件を見てきた。ここで具体的な「旅行という商品」を構成する部品ごとに、その押えるべきポイントを整理しておきたい。よく言われるが「くう・ねる・あそぶ」や「あご・あし・まくら」などの諸要因を総覧しながら、それぞれの意味とコストの分析もしてみよう。

いうなれば、パッケージツアーの因数分解である。ツアープランナーは旅行の企画に際し、82ページのような項目それぞれについて、綿密な検討とコスト計算を行わなくてはならない。

まずは「旅行目的」からチェックしてみよう。これは一般観光からビジネス分野まで多岐にわたる。最近ではエコツーリズムや産業観光もよく語られるようになった。MICEといった業界用語はもはや珍しくないし、スポーツイベントや趣味の世界の旅行もまた多彩である。「旅行日数」に関しては「安・近・短」というようなコトバが旅行業界から語られ、マスツーリズムを揶揄する表現として使われたりもする。しかし今まで見てきたように、SITやFIT化の流れも含め、今後はもっと多様化するだろう。

「旅行人数・定員」はツアーの質を語る場合、特に重要である。今まではコスト管理上何人以上でツアーを催行するかを計算した。つまり「最低実施人員」が旅行会社にとっては重要だったが、今や顧客側に立ってみると「最高実施人数」のほうが気になる。特にシニア向けの周遊型旅行などは、旅行条件の中に「何人～何人」という表記のほうが一般化するかもしれない。「参加者層」は「旅行目的」とも関連する。旅は道連れだし年齢層もかなり重要な視点である。他の因数にもいろいろな影響がある。滞在型の旅行では関係ないが、周遊型の旅行では「ルーティング」についてしっかり検討しなければならない。どのような訪問順序が合理的なのか。航空機の移動か、地上あるいは海上移動か、時間や観光あるいは目的に合わせて決定する。時間をかけてじっくり、体験活動を組み合わせることがあるだろう。特に他の競合商品との差別化を図る場合は、「観光・訪問」とも併せてプランナーの腕のふるいどころである。「宿泊機関・泊数」も「旅行目的」や「参加者層」との関連によって変わる。限定供給の特徴ある宿泊施設を押えることによって、競争相手を排除する手法もあるが、これはそれなりの販売力の裏づけがないとつらい。

地上移動で企画に差がつく

さて、特に海外旅行に関しては「航空会社」がひとつの鍵である。最近はLCCが何かと話題だが、従来の航空会社もエコノミークラスの人的サービスの質はすでにLCCと大して変わらない。余計なサービスは一切抜きで、水、ビール、食事、枕、毛布すべて有料という、電車やバス並みの航空会社が世界中でウケている。

プランナーとしては、自社の取引条件も重要だが、新商品を仕掛ける場合などそれとは別に、思い切ったジョイントプロモーションを持ちかけてみるのも面白い。話は脇へそれるが、航空会社は特に欧米など長距離路線において、なぜ「寝台機」を導入しないのだろう。サービスなど一切ノンフリルでいい。ただ横たわり、寝て行きたい。3段ベッドだろうが何だろうがかまわないのである。観光客であれビジネスマンであれ、絶対にウケる。とくにシニアの旅行者層には大歓迎されるだろう。経験上エコノミーではつらいが、といってビジネスクラスの追加料金までは払いきれない人たちが大勢いる。3段ベッドにしてしまえば、運べる人数もそう変わるまい。従来の安全基準などは、多少の知恵でどうにでもなりそうである。超高速機導入前に、あるいはそれと並行して寝台機の開発導入を勧めたい。

●旅行商品の構成要素

	11 時間配分・時差
1 旅行目的	12 季節
2 旅行日数	13 自由行動
3 旅行人数・定員	14 ショッピング
4 参加者層	15 ガイド
5 ルーティング	16 ツアーコンダクター
6 宿泊機関・泊数	17 ツアーオペレーター
7 航空会社	18 健康管理
8 他の地上交通機関	19 危機管理（事故対策）
9 観光・訪問	20 保険
10 食事	21 費用と収益

次に「他の地上交通機関」を見てみよう。以前にも提案したが、経済先進地域を除いては運転手込みの車両にかかるコストは小さい。「ガイド」を合わせても、時にセダンの使用やマイクロバスが気軽に使える。特に家族旅行や小グループなどＦＩＴには、旅行の質感を飛躍的に高めながらも価格面にはそれほど大きな影響がないという、「特別扱い」の旅行提案が可能だ。エコツーリズムなど少人数の特別手配にも柔軟な対応ができる。また、「ルーティング」で述べたように旅行の性格によっては、航空機でつなぐよりもあえて地上移動を行うほうが、旅行内容に面白みが出せる場合も少なくない。

食事代を値切るな

同じく「観光・訪問」「食事」「時間配分・時差」「季節」は旅行の核を形成する部分だ。実際に現地へ足を運び、訪問箇所を決め、所要時間を計り、滞在時間を決定する。限られた時間の中で、これらをどうやりくりし、顧客満足の最大化を図るか。重ねて言うが、「どう売りやすいツアーをつくるか」を優先させてはならない。前者を優先しつつ、後者との望ましいバランスを調整する。難しいことだが、ゆくゆくしっかりした顧客層を形成するためには、ここを押えるしかない。

「食事」を付けるのであれば、レストランの選定と同時にメニューの試食まで行う。重要なことは、決して値切ったりしないこと。量より質である。ときに悪貨が良貨を駆逐するがごときツアーをよく見かける。価値創造型の旅行業を目指すのであれば、客の無知につけ込んだような旅行は避けるべきだろう。年配者に対しては、「時間配分・時差」「季節」を勘定に入れた日程作りが欠かせない。観光形態も違えば、体験活動が全く異なり、旅支度にも大きな差が出る。

「観光・訪問」と関連するが、「自由行動」「ショッピング」の配分は極めて重要、「観光・訪問」「食事」をフルにして「自由時間」をつくらないツアーもある。フルパッケージから「観光・訪問」「食事」部分を選択にし、不使用部分を返金する料金体系を打ち出す会社もある。自由行動という名のもと、いちいち現地でオプション手配料金を請求するより、こちらのほうがフェアだという訴求方法だ。また、あえて、「ショッピング」を旅程に入れない旅行も増えている。要求されない限り、立ち寄らない。行きたくない旅客の存在を優先する。ここからのコミッション収入などをツアーの収支には計上しないという、ごく当たり前の経営判断である。

以上のような事柄に加え、「ガイド」「ツアーコンダクター」をどうするか、場合によってはどちらか一方だけというケースもあるだろう。エコツアーなどにおいては「ガイド」のクオリティーが決定的な重要度を占める。新しい旅行会社経営において、「ツアーコンダクター」が果たす重要性については何度も述べた。「ツアーオペレーター」と組む場合は、しっかりした打ち合わせと協力関係が不可欠である。おまかせハトバス・スタイルのうえ、値切ることが仕事などとなってしまっては差別化など遠い夢でしかない。時に「ツアーオペレーター」のノウハウからしっかり学ぶことも必要だ。「健康管理」「危機管理」「保険」は企画担当者のみならず、旅行業経営上、そして顧客の自覚を促すためにも重要である。そのうえで「費用と収益」、コストの最小化と利益の最大化、というより「最適化」をしっかりコントロールできなくてはならない。

Chapter 10

洗練されたイメージの伝達

旅行関係の情報提供にインターネットの活用がさかんになり、諸外国の観光局の中にはもうパンフレットなどの紙媒体を使用しないところさえ現れている。旅行会社においても、その傾向は強くなっていくことであろう。しかし、紙であれ電子であれ、盛り込まれなければならないコンテンツに差はない。

今までいろいろな側面から旅行企画についてみてきたが、いよいよそれを「旅行商品情報のパッケージ」にしなければならない。具体的には旅行パンフレットの作り方という分野である。これをどうやって市場・顧客に届けるかということについては、電子情報化も含めて各種の物理的手段がある。ここではすべての基礎となるその表現方法について、最も大切な要素をポスターやパンフレットの表紙を例に押えておこう。

心得ておきたいのは「旅行パンフレット3つのS」だ。これは「Simple＝すっきり」、「Smart＝品良く」、「Strong＝力強く」、ということ。巷にあふれる旅行関係のパンフレットやチラシ、あるいは新聞広告などどれひとつとっても、なかなかこの3Sを見ることが難しい。というより3Sとは全く逆に、ごちゃごちゃわかりにくく、品なく、メッセージ力が弱すぎのものばかりといっても、そう外れてはいない。

旅行は「情報×サービス」という形のない商品である。つまり、ある種の文化を売っているはずだ。夢では商売にならないという言い方があるが、実は夢をも売る。あるいは気分を売る。幸せな時間を売る。別の言い方をするなら、夢を売れなくなった企業が、旅行という市場からどんどん退場しつつある、といえるかもしれない。

したがって旅行のパンフレットもなるべく独創性がある、上品な、洗練されたデザインのものに進化させなければならない。カッコよく、商品そのものに期待を持ってもらえるような、ワクワク感のあるものでなくてはならない。市場特性に鑑み、あえて中品あるいは下品路線で勝負しているというのであれば、話はまた別である。

ポスターを作るとしたら

ここでポスターを考えてみよう。駅や街頭などに貼り出す大型のポスターをイメージする。一般の人たちの視線と注意を一瞬でひきつけるための表現とデザインについてだ。テーマは旅行商品でも、ある特定地域の観光についてでもいい。これはパンフレットの作り方、特にその表紙などの作成と共通点が多い。つまり洗練された印刷物作りということを、あるいは情報のパッケージングということを、ポスター作りというひとつのシンプルなパターンに置き換え、分解してみたい。

まず魅力的な写真1点を大きく扱う。これは、いろいろアピールしたいことがあってもそれらの多くはあきらめ、一番訴えたいこと1つのみに絞り込む作業だ。あれもこれもと並べ立ててしまうと、力強さはどんどん下がる。洗練されたイメージも作りにくい。「おや」と自分の目を引く、あるいは自分の部屋に飾りたいと思うようなポスターにどんな例があっただろうか。観光の分野に限る必要はない、それを思い出してみよう。

次に大切なことは、文字の可読性である。せっかくのキャッチフレーズやコピーが、写真に埋もれてしまい読めない、読みにくいケースがよく見られる。逆に、写真の魅力を十分に活かす文字の入れ方について、配慮がないケースも見られる。場合によっては文字や文章を写真から外す。文字と写真の双方が、お互いを引き立てあうような相乗効果のあるデザインでなくてはならない。

写真はなるべくリアリティーがあるものを使う。組み合わせ、コラージュ、モンタージュ、ぼかしなどは使うべきではない。パンチが弱くなるばかりか、嘘っぽくなる。そして写真には必ずキャプションを付ける。どこなのか、何なのか、小さくていいからクレジット的に入れておく。また、使用写真にやたら「(イメージ)」という文言が振られているのを見受ける。こうしておけばどこからも文句はつけられまい、という安全策なのだろうが、アホらしいことこのうえない。写真ばかりか商品そのものが嘘っぽく見える。きちんとしたプランナーなら自分で出かけ、これはという写真くらい自分で撮りたい。行ったこともないところの、誰が撮ったかわからない写真を使って、「(イメージ)」などと、なめたことをしてはならない。

理性と感性に訴えるコピー

キャッチコピーの大切な点は、やはり簡潔で、リズムがあること。いろいろな単語をどんどん並べて書き出し、分類し、組み合わせ、並び替え、消しこみ、意見を求める。時間をかけて呻吟(しんぎん)してもなかなかまとまらない時があり、一瞬のひらめきで決まる場合もあるだろう。コピーはコピーライターに、などと言っていたのでは自分の力量が伸びない。キャッチもボディーコピーも練習次第でうまくなる。こ

●パンフレットデザインの基本要件

1

シンプルで洗練されていること

2

写真は1点を大きく使用

3

写真にはキャプションを

4

リアリティーを重要視する

5

可読性を良くすること

6

あれもこれも詰め込まない

7

キャッチコピーを熟慮せよ

8

価格表示は小さめでいい

9

デザインの統一性を図る

10

独創性と強いメッセージを

れについてはまた回をあらためてふれるが、ツアープランナーにとって大切なことは、自分の言葉で言いたいことを表現し、相手に伝えられるようになることだ。いちいち人手を介していたのでは、大切なことが伝わらないし、パワーも落ちる。

旅行という仕事の原点は感動の共有にある、と最初に書いた。その感動を、感情的にではなく、相手の理性と感性に訴える。そのための工夫が、写真とコピーの協働によるメッセージづくりだと考えたい。

次に代金の表示について。航空券や宿泊券などの単品販売において付加価値を付けようがなく、他より安く売るしか手がない場合を除き、旅行という商品の価格は前面に大きく打ち出す必要はない。旅行代金は、旅行という商品を構成する多くの要素の単なる一要素でしかないからだ。それに、あらゆる商品に共通していえることだが、品質と価格表示は反比例する。つまり、安物になればなるほど、価格表示は大きくなる。高級品やブランドを意識するものほど、価格はひっそり表示されるのが常である。だから、いちいち「安さ」を真っ先に表示すると、やがては旅行商品力の自己否定につながっていく。

洗練された商品、洗練されたマーケティングと価格表示は相性がよくない。目立たせず、しかしどこかにくっきり表示しておけばよいのだ。もちろんポスターで金額の表示をすることなどほとんどないが、パンフレットの表紙に置き換えてみた場合はどうだろう。

最後に、各種のパンフレットデザインに統一性を持たせること。毎回基本デザインやレイアウト、文字や色の使い方、ブランドロゴの掲示、写真の性格などに統一性を持たせ、見るほうから「あっ、これは」と、すぐに識別してもらえるようになるのが望ましい。他社との差別化をパンフレットデザインのうえでも意図的に行う。

旅行商品は個性を競う時代である。商品内容そのものだけでなく、そのパッケージにも十分に神経を配らなくてはならない。扱う品目にふさわしいデザインを考える。躍動感か、美しさか、知的洗練か。表紙だけでも、あるいは表紙を剥ぎ取られても、あなたが作ったパンフレットが、「あっ、これは」と認識されるようになるのが理想だ。それほどブランドアイデンティティーの確立に、パンフレットが果たす役割は大きい。

旅行パンフレットの作り方

Chapter 11

いよいよ旅行パンフレット作成にあたっての要件に入る。

表紙回りの要領は前回あらましを述べた。ここでは作成に当たっての工程管理も含め、大切な事柄を見ていく。デザインの決定から納品まできちんとした手順を踏まないと、時間はかかるがいいものはできない。

あらゆる仕事は予算と納期があって始まる。ひとつの印刷物を作るのも例外でない。一定の予算と時間の中で、いかにいいものを作ることができるかが、ツアープランナーに与えられた使命のひとつだ。あるいはいかにコストを最小化しつつ、合理的に、効果の高いパンフレットを作ることができるか。電子情報に関しては、ここから紙代と印刷代を除いたもの、という理解でいいだろう。

そしてパンフレットの作成は印刷の上がりに至るまで、全工程において複数の人手を経て行われる。それぞれの工程に携わる人が、「どうしたらその後工程の人の仕事が楽になるか」という配慮を常に怠らないことが、いい仕事を進めるうえで重要な意味を持つ。

さて新しい印刷物作成に関し、手順を追いながら見ていこう。プランナーの中でおよそのコンセプトが出来上がった時点で、デザイナーと印刷会社の担当者との打ち合わせが始まる。あるいは、プランナーとデザイナーがコンセプトを作り上げた段階で、複数の印刷会社に見積もりを要求することも多い。このときのコンセプト作りがいい加減だと、見積もりのやり直しを重ねることになり、時間とエネルギーのロスが各方面に生ずる。

またプランナーやデザイナーが印刷工程そのものに知識や理解がないと、やはり仕事に支障をきたす場合が多い。したがってツアープランナーには、一度、印刷工場の現場を見学してみることを勧めておきたい。どの工程にどのような人たちの手間と時間が、どのようにかけられているのかをきちんと理解しておくことは、決してムダではない。もちろんＤＴＰが進むオフィスの中では、プランナーがデザイナーを兼ねるだろう。プランナーにコピーライターの能力は必須だが、これにデザイナーの能力が加われば、文字通り鬼に金棒である。

時間のロスを最小限に

さて全体のコンセプトが決まったら、それに沿った時間割を設定する。デザイン起こし、コピーライト、レイアウトデータの作製日数、入稿日、一次校正と戻し、二次校正と戻し、最終校正、印刷の上がり、等々の日程表である。これができたら、あとはスケジュールに沿ってきちんと仕事をこなしてゆく。この際一番大切なことは、それぞれの段階で「もう後はない」というくらいの覚悟の仕事を完了することだ。いい加減な仕事をし、後で手直しすればいいなどと思っていたら、絶対にいい仕事はできない。そればかりか多方面に大きな迷惑を及ぼす。その意味からすると、最初のコンセプトワークは重要だ。ここできちんとまとまったものを担当部署の責任者にも十分説明し、理解を得ておかなくてはならない。

バカな担当者だと色校正が上がった段階で、ようやく上司に見せたあげくダメ出しされたりする。大きな組織になると、上のほうに行くほど工程にお構いなく変更を要求することが多い。すると初めからやり直しになったり、コピーが否定されたり、デザインの基本がねじ曲げられたりしかねない。こういうことが発生するとほとんどの場合、印刷物の仕上がりは悪くなる。最初のプレゼンより良くなることはほとんどない。

デザイナーからがらりと替えるなら別だが、ふつうはデザイナーも初動時に最大のエネルギーを投入する。だからこれにシロウトが横槍を入れたら、結果は悪くなるのが普通だ。やり直しに初回のような力は入れられないし、時間もない。シロウトの口出しには彼らも抵抗を示すだろう。唯々諾々とそれを受け入れるようなデザイナーだったら、よほど仕事ができないか、やる気がないか、まだ駆け出しで自信がないかのいずれかである。

したがって仕事のできるツアープランナーは、デザイナーの仕事をよく理解するとともに、自分もそのセンスを磨き、よく学ばなくてはならない。いいデザイン、いい写真の選択、いい色使い、上手な印刷会社の使い方、合理的なコスト感覚。それらは皆、デザイナーの必要条件であるとともに、プランナーにとっても必要な条件である。例えて言うなら、プランナーがいい絵をかける必要はない。しかし、いい絵を理解する能力は必要だ。

さもないと社内に対する説得力を欠くだろうし、上司からの信頼も得られまい。もちろんデザイナーとの信頼関係を築くことができない。信頼という基盤を欠く人間関係では、絶対に仕事はうまくいかない。ましてや、発注者という立場を振りかざした物言いなどしようものなら、デザイナーや印刷会社の営業担当者のやる気は失せるばかり。時としてプランナーは、仕事全体の進み具合から判断し、社内の説得に全力を挙げなければならない場合がある。こういう場合、人によってはイニシアチブを放棄し、人のせいにして平気なタイプがいる。こんなことをしていると、出入りの業者か

●パンフレット作成上の注意事項

1
まずしっかりコンセプトを

2
全体スケジュールを確定する

3
社内・責任者に十分根回しを

4
写真のキャプションは正確に

5
ツアータイトルと見出しを熟考

6
地図（縮尺付）を正確に入れる

7
色使いにしっかり配慮しよう

8
すべて初回の校正で決めよ

9
文字校正を絶対にミスるな

10
予算管理をきちんとせよ

らもなめられる。担当者がよそからなめられたのでは、取り替えられるしかない。

初校こそが勝負である

最初にも述べたとおり、納期のない仕事はない。どんなにいい仕事をしようが、それが期日に間に合わなかったら無意味だということだ。この点がビジネスと芸術の違いといえるかもしれない。スケジュール通りにきちんと仕事をこなすこと。これが後工程の人に余計な負担をかけない大原則である。だから「校正で直せばいい」などと思って仕事をしないように。校正はあくまで「色」のチェックであり、万が一の「誤字脱字」チェックの機会であるにすぎない。あるいは全体のバランスや仕上がり具合を「微調整」する場なのである。

その意味では「初校が勝負」だ。初校ですべてを完璧にやり終えるという心構えが、いい仕事を可能にする。二次・三次の校正を「念校」ともいう。文字通り念のため、ということだから、これ以上の校正作業が必要になるとしたら、それはシロウトの仕事だ。エネルギーと時間と、さらにはカネまで浪費されるということをよく理解しておいてほしい。

シンプルで可読性を重視したつくりを、ということは前回触れた。キャッチフレーズやツアータイトルには持てる全力を投入する。コピーの書き方は次回詳しく述べるが、絶対に読んで欲しい事柄だけ具体的に書く。形容詞はなるべく使わない。

写真をごちゃごちゃたくさん使うとか、あるいは食い込み重ねなど全く不可である。大きくアピールする写真と、個別の具体説明用の写真は画然と分けたうえ、点数は最小限に。各写真には必ずきちんとキャプションを入れる。コピーボリュームも写真とのバランスから多からず少なからず、すっきり品よくまとめる。小さくて見えないような料理皿の写真などがいっぱい並んだパンフレットをよく見かける。ああいったやり方はページが汚れるだけ、担当者本人以外誰も注意を払わない典型であろう。「(イメージ)」などと書かれた、わけのわからない細かな写真の多用など言語道断。そして文字校正は複数の人が厳格に。誤字脱字のあるパンフレットは、会社の品格をも危うくする。

Chapter 12

コピー・文章の書き方

文章を書くときは、まず辞書を手元に用意しなくてはならない。辞書なしの作文作業は、鉄砲なしで戦争に行くにも等しいと言われている。うろ覚えの文字、不明な意味や言い回し、表現方法などが少なくないし何か新しい、別の言い回しを必要とする時もある。

短い文章ほど難しいと、よく言われる。社内文書、あるいは取引先とのビジネス文書のやりとりなど、内容をわかりやすく簡潔にまとめるには毎日の練習が必要である。旅行のパンフレットは、一般的には不特定多数の目に触れるから、通常の手紙や通達文以上のさまざまな配慮が必要である。以下11項目に整理してみた。

①難しい漢字や言い回し、カタカナの多用を避け、平易に書く。特に旅行業界は日常業務に外来語を多用しているから、英単語やその略語などを何気なく使ったりしがちなので注意する。②形容詞はなるべく少なく、感情を抑えた表現を心がける。大げさな書き方はしないで、少し突き放したクールな表現を心がけたい。また形容詞の積み重ね使用はくどい。③短い文章の積み重ねでリズムをつくる。句読点はこまめに使う。黙読あるいは時に音読して、つっかかったりスムーズに読めないようなら、単語を変えたり並べ替えたりして書き直す。部分的にいじり直すより、思い切って文章全体をつくり変えるほうがいい時もある。④「～で、～で」とか、「～が、～が」、を使い文章をつなげてゆくことはなるべく少なくしたい。⑤主語と述語をきちんと意識す

る。⑥簡潔に書く。ひとつのセンテンスでは、ひとつのことしか表現しない。⑦「です・ます」調と「ある・である」調を混用しないようにする。文末に変化をもたせる。体言止めをしない。これは、名詞・代名詞・数詞・副詞・接続詞などで文末を切ることをいう。これを多用すると文章が素人っぽくなるばかりか品もなくなる。たとえば、「～するばかり」「～に感激」「～が名物」「～に納得」「～がおすすめ」などで、さらに「?」とか「!」もあまり使いたくない。

簡潔明瞭にやさしく

⑧ひとつの文章の中に同じ単語を繰り返し使わないようにする。⑨数字は正確に書く。距離、時間、標高、広さ、料金、温度、人数など、旅行のパンフレットにはさまざまな数字が出てくる。これらが「およそ」とか「約」などで表されるとリアリティーがなくなる。時には小数点を入れるぐらいの気持ちでいい。「およそ3000メートル」と書くより、「2987メートル」と書いてあるほうが信憑性ははるかに高い。

⑩よくある言い回し、流行語、格言、言い古されていることなど、いわば「手垢の付いた」表現は避けたい。わざと使う場合があるにせよ、なるべく自分自身の表現を心がけるべきだろう。⑪指定された文字数、行数できちんと文章をまとめること。「ぶら下がり」を避ける。文末の文字が行頭にわずかな文字数でぶら下がってしまうことだが、デザイン上余白が目立って見苦しい。

以上の点に配慮し、常に簡潔に、わかりやすく、具体的事実を書く訓練をしていけば、それなりに洗練された文章が書ける（はずである）。文章も運動やピアノのお稽古と同じ、要は練習にある。プロを目指すならそれも結構、しかし日記でも何でも、その気で毎日何かを書く練習をする。人並み以上のレベルにまで、すぐなれるはずだ。

次にページのレイアウトと関連した事を加えておく。新聞の1行は14字、当稿は1行38字である。旅行パンフレット1行の文字数も、せいぜいこのくらいである方が読みやすい。これ以上に1行が続くと視覚的に疲れるし、読む気が起こらない。また、できれば10行前後で1つの小見出しを入れる。場合によっては、1点の写真と数行ずつのコピーをキャプションがわりに組みあわせるレイアウトというのも面白い。

それから旅行の日程表の書き方について、旅行業界にはおかしな風習がある。なぜか「～にて」という古めかしい書き方が昔から横行している。「～にて昼食」「～にて宿泊」「～にてお買い物」といった具合だ。どうでもいいことかもしれないが、どこのパンフレットにも必ずこれが出てくる。「にて抜き日程表の書き方」を考えよう。

ところで小見出しはひとつの文章の抽象化である。わずかな文字数の中に以下の文章全体をまとめ、興味を抱かせ、読ませる役割を負っている。と同時に、一息つかせる役目も担う。何気なく読んでいるかもしれないが、それなりにちゃんとした役割があることをわきまえておきたい。いい加減な小見出しをつけてはならない。

パンフレットは会社のプライド

さて、小見出し以上にもっと大切なものは、ツアーのタイトルやキャッチフレーズである。

一般的には「ナニナニ巡り10日間」といったそっけないツアータイトルが多い。しかし専門店系のこだわり型ツアーには、やはりこだわり型のタイトルが付けられている。プランナーとしては、ツアーの内容をよくつかんだうえで、興味を持ってもらえるようなタイトルを考案したい。キャッチフレーズも同様である。「この安さ!!」とか「ビックリ!!!」とか言って、担当者だけ舞い上がっていたのでは商売にならない。

●コピー書きの心得10カ条

1. まず辞書を用意せよ
2. 具体的事実を簡潔に
3. 文章はリズムが大切
4. 大げさな形容をしない
5. 短い文章の積み重ねを
6. 数字はなるべく正確に
7. コピー量・文字数を守る
8. 日程と地図をきちんと
9. 校正ミスは絶対にするな
10. パンフレットは会社のプライド

その旅行の質的特徴をよくつかんだ、パンチのある、洗練されたツアータイトルを、多少長くても構わないからアタマを使って考えるべきであろう。

ツアーパンフレットのコピーに関連し、各ツアーの日程表部分に付けられる地図について触れておかなくてはならない。当ツアーがどこをどう巡るのか、ツアーごとにわかりやすい地図を必ず用意する。特になじみのない地域や新しい地名とか、日程表に出てくる主な地名が書き込まれていることが望ましい。細かいことだが、カラー刷りなら国境などのラインは墨で入れてはならず、異なる淡い色をケヌキ合わせで使用する。モノクロならアミの濃淡で区別をつける。こうすると地図の上に乗せる文字が読みやすいし、移動を示すルートの線もかぶせやすい。小さくてもいいから地図版は正確に書き起こし、地名も正しい場所に入れる。さらに、地図の片隅には必ず縮尺スケールを入れておくのが、さりげない心遣いというものであろう。日本の読みにくい地名へのルビ、中国の人名・地名などの現地音表記も絶対に不可欠である。

最後に、校正ミスは絶対にあってはならない。その覚悟で臨んでも、ミスはまま起こる。これを避けるには複数の人間が注意深くチェックするしかない。校正の仕方は

2通りある。まず誤字脱字がないか、次に文章の体をなしているかどうか。これを区別して行わないとどこかで抜ける。英文の綴り、行替え時のダブりやヌケ、同音異義語のうっかりなど、時にとんでもないことが起こりうるのがこの工程である。

あらためて言うが、旅行会社にとってパンフレットは命である。会社のプライドであり、ブランドそのものの抽象化である。その意味からすると、表紙をめくった最初のページに、社長からのメッセージを、あるいはプランナーからのメッセージを、顔写真入りでしっかり載せるくらいの覚悟があっていいし、またそうした会社も現れている。

Chapter 13

商品と想定市場のミスマッチ

価格政策は企業の根幹である。「いいものを安く」は、企業にとって永遠の課題でもある。しかし、旅行商品の最大特徴は、基本的に人的サービスの集積という点だろう。均一な工業生産品の商品・価格との決定的な相違点がここにある。

知り合いの夫婦が新聞広告を見て、2泊3日の北海道旅行に行き、ひどい内容だったと文句を言っている。なんでも朝早くに起こされ、バスで400km走ったりしたそうで、宿泊施設や食事には初めから期待してなかったから仕方ないけれど、あれはくたびれに行っただけだったと不満顔である。「安さに大満足」をさらりと忘れて、「旅行後の不満足」だけを表明しているのだ。

旅行会社あるいは企画担当者からすれば、航空会社や旅館とのシビアな仕入れ交渉をまとめ、こういうオフ期に、これだけの工夫をして内容豊富なツアーをつくり、新聞紙のスペースも値切り倒してあそこまで大々的なキャンペーンを張った。およそピーク時の3分の1以下という、文字通り破格のツアーを提供したのに、どうして文句まで言われなきゃならんのか。少しぐらいこちらの苦労をわかってくれたっていいのに、と言いたくなるであろう。

「安いから飛びついたんでしょう、いいトシして。だったらしょうがないんじゃない。回るとこ回って食事も食べたし。宿屋にも泊まったんだから」と、訴えられた私の答えもそっけない。しかし問題はここからである。

旅行会社に対する注文としては、多少売りにくくなるにせよ、朝の出発時刻やバスの走行距離・時間くらい事前にお知らせできるでしょう、といったところから。低価格の中ながら行動半径をかくも広げ、行けるところまで行くためにこのくらいの強行軍はやむをえない。体調を十分に整えてご参加を、というくらいは当たり前の事前案内のはずである。あるいはお客からツアーの申し込みを受ける前に、はっきり了解を取っておくべき事柄ではないか。同時にこのツアー実現までにどれほどの企業努力がなされているかを、しっかり、しかしさりげなく、アピールすることもまた不可欠な作業であろうかと思われる。

つまりここには、旅行会社とお客の間に、ある種のコミュニケーションが欠落しているのだ。旅行会社側もお客も、自分に都合のよいところだけ、都合のよいように発信と受信を行い、お互いに文句を言っている。しかし結果の責任は、ひとり旅行者が負わなくてはならない。もしかするとこうしたお客は、「行った、見た、帰った、くたびれた、もう行かない」などと言いながら、結局また同じように次のツアーに参加するのかもしれない。こうなるともう旅行会社とお客は、お互いに文句の応酬をし合いながら別れられない、年代ものの夫婦並みである。

十把ひとからげのシロウト扱い

冗談はさておき、こうしたことの繰り返しはもう止めなければならない。ありきたりのツアーコースに無理矢理「10大特典!!」などと銘打ってあるから何かと思えば、単に訪問先観光地名が並べてあったり、子ども騙しのようなくだらないオミヤゲがついていたりする。いつまでもお客をシロウト扱いしてはならない。こういう忙しいツアーの観光ポイントにおける滞在時間は、30分とか45分とか分刻みだ。バスに中高年が40人いっぱいだったら、乗降時間だってここから差し引かねばならない。ある程度の余裕を見て、さらには渋滞などに巻き込まれるリスクなども勘案しながら、ゆとりある運行スケジュールを立てるべきであろう。

安いからしょうがないとお客だって納得するだろうとか、「そこらへんのやりくりはガイドさんとか添乗員さん任せで何とか」などと思っているとしたら大間違いである。農家の畑に入って果物を自分でとるという企画にクレームが付く。運動靴のご用意を、という事前のお知らせが入っていないからだ。ハイヒールが泥だらけと怒る客に「そんなこと言わなくたってわかるでしょう」は通用しない。自分で足を運んでいたら、こうした事柄に対する事前注意の必要性がわかるはずだし、それがわからないようでは企画者としての気付きに欠けている。

最近のこうしたツアーを見ていると、参加者の大半は中高年なのにも関わらず、ツアーの行程や内容はまるで学生向けである。相当な体力がないとついてゆけない。あわただしい日程の中にありながら、食事は「食べ放題」みたいなスタイルが多いし、宿はお世辞にもいいとは言い難い。ただ価格だけがデカデカと安いのである。まるで逆ではないか。「低価格訴求」という1点にのみすべての企画立案神経が集中され、市場特性などは一顧だにされていない。つまり、商品と市場がとんでもなくミスマッチなのである。

企画担当者は自分でつくったツアーに自分の親をモニターとして参加させてみる、

●価格設定についての心得10カ条

1. 価格競争より内容勝負を覚悟せよ
2. 価格は商品特性の1要素に過ぎない
3. 市場にマッチした商品と価格の追及
4. ツアーごとに妥当な利益計上を
5. 自分が客の立場だったらという視点
6. 自社ブランドの差別化を意識せよ
7. 望ましい利益レベルの理解と徹底
8. 商品と価格にプライドを持とう
9. 取引先の満足も含めた価格設定
10. 顧客の信頼獲得がすべてに優先する

くらいのことはしてみるべきだろう。食べ放題のカニは大昔の冷凍もの。スカスカで味もなく、同じく食べ放題のブランド牛は2皿目から質がガタ落ちという始末である。80種類の握りずし食べ放題が、数えてみたら38種類しかなかったという例もあり、これなどはっきり言って不当表示のケースだ。

顧客満足を常に最優先せよ

俗に安近短などという、旅行業の三重拘束（トリプル・バインド）をいったん捨て去らねばならない。市場特性に合わせた商品づくりもくそもなく、安さ爆発で当の企画担当者だけが自己満足。あるいは空気を運ぶよりマシという航空会社からだけは、多少のお褒めにあずかったかもしれない。だが、宿泊機関など他のステークホルダーは決して嬉しくはないし、肝心のお客からも一向にはかばかしい評価を得られない。たいしたクレームがついていないとすればそれは、「安いからしょうがない」と、お客のほうでしぶしぶこらえているからなのである。さらに最悪な事態は特定のデスティネーションが、そのイメージと価値をどんどん下げてしまっていることだ。つまり、安売りがデスティネーションの価値崩しまでやっている。

「生産と消費の同時発生」が、旅行商品だから取り替えはきかないし、お試しもできない。サービスにはスケールメリットがなく、多くはスケールデメリットに直結する。バスとガイドに1日20万円で5日間、これを40人で割るのと10人で割るのでは、1人当たりのコストが7・5万円違う。この差を理解し、評価してもらえるような顧客を育てることも、企画担当者の大きな使命のひとつだろう。橋本亮一さんが著書『よくわかる旅行業界』(日本実業出版社)のなかで、「十把ひとからげの時代から1人十色の時代への対応を」と説いている。売りにくさを正面突破し、「旅行終了後の満足」獲得にすべての努力を傾注させなくてはならない。この不断の挑戦なくしてこれからの旅行業はありえない。そしていったん顧客からの信頼獲得に成功したら、その信頼を維持する事が最優先になるだろう。価格のみに気をとられていたのでは、マーケティングにいうブランド戦略など、夢でしかない。

Chapter 14

あらゆる顧客はメディアである

旅行会社のマーケティング諸活動のうち、販売促進のひとつである広報について検討する。近代的企業にとって広報は、企業の根幹と認識されて久しい。しかしそれもこれも、すべては顧客満足が原点である。

あらゆる商売の継続に欠かせない要件は信用である。念のため信用について広辞苑をひくと、「現在の行為から考えて、将来必ず義務を履行するだろうと推測し、信任すること」となっている。つまり信用する、されるというのは、顧客との間に暗黙裡に交わされる約束であるということだ。

旅行商品には形がない。おおまかに言ってしまえば「情報力×サービス力」のパッケージである。前にも述べたとおり、旅行という商品においては、生産と消費が同時に行われるためストックはきかないし、テストもできない。それゆえ、顧客からの信任が何にもまして大切になる。企業活動というのはこの約束の繰り返しである。世代や時代を超えてこの継続が行われることが望ましい。というより、あらゆる企業はそこを目指している。

さて、旅行業におけるマーケティングのうち、商品にかなりの紙数を費やしてきた。ここで販売促進のうち広報・パブリシティに関して触れておきたい。広告は予算さえあればどうにでもなる。しかし、ほとんどの企業にそんな余裕はない。どうしたらお金をかけずに宣伝できるかは常に大きな課題だ。また、広告は企業から消費者へのお金をかけたメッセージだ。原則的に言って、消費者の体験的評価とは無関係である。「広告する店はまずい」という定理がある。おいしければ自然に人がやってくる。だから、わざわざ金などかけて広告するはずがないという論理だ。ある意味で広告の真理をついている。しかしあらゆる企業は、その活動や商品をとにかく知らしめねばならない。

広報の役割は企業の根幹

広報はＰＲという横文字でも一般化されている。つまり企業と社会の関係性を強めることだ。そして企業の社会的評価あるいは認知度をいかに高くするかが広報の任務である。しかし、その企業評価の原点は、当の企業の商品あるいはサービスがいかに優れているかという、利用者・顧客の評価である。顧客のプラス評価が重なって評判を呼ぶ。いわば口コミのレベルであり、いい噂というのもこれである。こうした評価が積み重なり、相当な時間の経過とともに「のれん」ができあがる。広告業界で言うところのブランドだ。ついでに触れておくとブランドというのは「焼印」のこと。放し飼いの牛がよそに混じってもすぐに見分けられるよう、焼きゴテを尻に押した。つまりブランドとは「差別化」の言い換えでもある。というわけで広報は何らかの媒体を通じ、この評判の範囲とスピードを拡大・促進させることにほかならない。

しかし、ここで念を押しておきたいのは、「顧客はメディアである」という原点についてだ。メディアというのは中立的な媒体である。どんな情報もよく伝えてくれる。つまり、良い情報であれ、悪い情報であれ、同様に伝わる。しかし、一般的に良い情報より悪い情報の方が、圧倒的に足が速い。のれんの形成には時間がかかるが、のれんの解体はごく簡単である。また媒体そのものが持つ「信用度」も重要だ。知人や友人あるいは親戚の中で、特に自分の親しい人からの情報は重視される。だから企業にとって、広報は顧客満足から始まる。現在もっているお客様のすべてに満足していただくことが、広報心得の第一歩だ。しかもお客様というメディアは無料、タダの媒体である。このタダのメディアをいかに有効活用するか、あるいは利用できるか。企業

PRの原点がここにある。

よくリピーターをいかに増やすかが語られる。すでに明らかなように、満足なくしてリピーター化はありえない。まして旅行のように不要不急品で、時に大変高価格であり、また行き先や内容が千差万別の場合、形のある商品よりリピーター化は難しい。だからリピーター化もさることながら、媒体として、周辺にいい宣伝をタダでしてもらうことのほうが重要かもしれない。つまりリピーター化するということは、その顧客が企業のPR機関として定着し、機能してくれることでもある。

以上をしっかり念頭に置いた上での広報活動だが、その会社の商品や活動が「ニュースとして」メディアにより報じられるよう仕向けることが、その重要任務のひとつである。旅行業にとっては時に観光局や航空会社と協力してこれに当たることもある。常にメディアの人たちといい関係を保っておくことが大切だ。報ずるに値するニュースを提供する。新しい商品やサービスはニュースである。メディアにとってはニュースの提供者こそ価値がある。取材してもらうべく誘導もすれば、時には取材の機会を提供する。だからいい関係を保つということは、いいニュースの提供者であり続ける

●企業広報のキーフレーズ群

1

企業の広報は顧客の満足が第一歩

2

広報の目的は社会との関係性緊密化

3

会社のビジョン・旗幟を高く掲げよ

4

すべての顧客は無料のメディアである

5

顧客の評価が社員のプライドを保つ

6

企業の価値は顧客との約束を守ること

7

新商品は顧客にとっていいサービス

8

質的差別化こそが企業の価値である

9

顧客の評価がブランド維持を可能に

10

企業は時代と世代を超えて存続する

ことである。

顧客にとっても、いい新商品はいいニュースであり、いいサービスである。この意味からは、広報活動が対象とするメディアも消費者も、結局は同じだと言えよう。したがって、メディア関係者のデータベースをしっかり構築し、必要に応じて情報提供やコンタクトができるように、常に更新しておかなくてはならない。直接的に取材者との間の人間的信頼関係をつくることもまた、何より大切なことである。

顧客との約束を果たしているか

外部メディアのほかに、旅行業の広報活動に欠かせない媒体がある。まずはパンフレットや広報誌、次にインターネットである。説明会や懇親会を通じた直接的な顧客との接点も、そうした場を設定することからすれば媒体の役割を果たしているかもしれない。パンフレットというのは商品カタログだから、広報誌とは性格が違う。しかし双方とも、継続的な企業イメージやブランド構築に重要な役割を果たしている。あるいは果たさねばならない。スーパーのチラシとは違う。そして、ハードな商品情報を届けるのがパンフレットなら、よりソフトな関連情報を届ける役割が広報誌だ。双方にとって紙という物理的乗り物を使わなくていいのが、インターネットによる電子情報である。

企業ブランドを裏打ちする企業イメージは、ブランドと同義である。そしてこの企業イメージやブランドは、顧客満足によって裏打ちされている。つまりブランドに価値があるとするなら、それはそれだけの顧客満足が、量的かつ時間的に集積されているからである。牛の焼印とはここが違う。これは単に金を投じてなされた、広告宣伝活動によって形成されるものではない。ブランドのメンテナンスというのはこのことを指している。

したがって、企業によってなされる広報活動には、必ずそのビジョン、目指す企業イメージ、CIが統一されて反映されなくてはならない。企業のトップから現場における一人ひとりの社員まで、全員がこの価値観を共有する。それが外部メディアによる他律的広報にも反映されてゆくだろう。常に約束を果たす企業、という認知である。

Chapter 15

旅行の企画はツアコンから

旅行の企画とセールスと添乗は三位一体である。自分でツアーを売ってみないと、市場を理解しにくい。ツアーの現場に自分を置かないと、その土地もお客も理解できない。現場体験抜きには、本当にいい旅行はつくれない。

添乗というコトバに自分は強い違和感を持っている。しかし慣用として、何気なく使ってしまい反省する。決して「そえのり」なんかではない。業界ではツアーコンダクターが一般的、これを縮めてツアコンという。当文もツアコンに統一して書くことにする。

ツアコンは旅程を円滑にこなし、お客様の満足度を最大化するべく努力し、同時に不満足度を最小化させるべき義務を負っている。ツアーのリーダーであり、ディレクターであり、コンダクターでもある。あるいは言葉や文化の通訳・翻訳という役割。コンダクターを辞書で引くと、ガイド、管理人、経営者、車掌、指揮者、伝導体、避雷針、などがでてくる。これらのすべてが実際のツアコン業務に含まれている。ときには身を挺さなければならない。ときには演技力だって必要である。人の気持ちを読まなくてはならない。的確な状況判断と決断、度胸。ゆえに、ツアコン業務は人をつくる。

しかしながらツアコンの中には単なる添え乗りも少なくない。世間がなんとなく見下したように「てんじょーいん」という場合、この手の者のイメージを描いている。ランドオペレーターにすべておまかせ、何の役にもたっていないくせに、妙に態度だけは大きい。ツアー客に対しては是非もなくペコペコ、リーダーシップのかけらもない。こういう輩に限って、せこいコミッション稼ぎだけには精を出す。あえてここにこんなことを書くのも、自分はツアコンだという自覚と自信をもって仕事をしてほしいからだ。ツアコン職は十分誇るに足る仕事である。

しかしここでは、ツアコンのこまごました技術論を展開するつもりはない。旅行企画との関連において不可欠な事柄を中心に考える。

品質管理業務の実行責任者

ツアコンは旅行という目に見えない、多くがつかみどころのない商品の受け渡し現場に立つ監督者である。したがって、お客様に対し、現地のサプライヤーや関係者に対しても、会社を代表して存在している。まずはこの点をしっかり頭に入れておかなくてはならない。最近はツアコン業務を外部の専門会社に委託する場合が多い。しかし、この基本的な役割を外部に委託するというのは、単純な事ではないはずである。この大きな業務に対する委託費は本来なら相当高額になる。経費節減という面からこの業務を委託するという発想自体が大きく間違っている。

ツアコンは会社を代表し、企画者の目でもってツアーの各パーツを、サービスを厳しくチェックし、常に改善・改良への指導を行わなくてはならない。安易な外注による委託業務に、そこまでの覚悟と要求ができるだろうか。ツアコンの役割は常に「人と荷物とお金」の勘定だと、耳にタコができるほど聞かされているだろう。これだけなら安くていい。しかしこのレベルでは、付加価値型の旅行商品なぞ望むべくもない。つまり、サービス業にとっては特に大切な、品質管理業務の実行責任者がツアコンである。しかもツアコン業務は、新商品の企画や開発という大切な役割を兼ねている。

次に、ツアコンは会社とサプライヤーとの間において、コーディネーターの役割を果たさなくてはならない。大げさに言うなら商品企画のコンセプトから始まり、その意図をサプライヤーなどの関係者に解説できているだろうか。お客様の期待や希望を、的確に関係者に語ることができるだろうか。時には交渉や説得も必要である。そのための語学力やコミュニケーション能力はどうだろう。また逆に、サプライヤーからの要望を会社に伝える役目がある。提言や忠告を聞き逃してはならない。よりよい旅行企画やサービスを生み出すためのヒントは至るところにあるはずである。それを自分の感覚で拾い上げるばかりでなく、ステークホルダーたちから引き出さなくてはならない。そして会社に持ち帰り、次の業務に反映させてゆく力量が欠かせない。ステークホルダーの叡智、努力、サービス、協力なしには旅行商品は存在しないし、企画担当者とツアコンは2人3脚でこれに対応しなくてはならない。ツアコン業務は機械的な作業などでは全くないのである。

生きたプランは現場での呼吸から

また、ツアコンは、お客様と現地の間に立つ異文化間のコーディネーターである。単なる通訳ではない。異文化間の架け橋と言っていい。文化摩擦を防ぐために、現地の文化や習慣をしっかりツアーの中で説明できることと、その逆もまた然りである。歴史、暮らしぶり、民俗、文化はお互い、対等の立場に立って尊重されなくてはなら

●「ツアコン心得」の思いつくまま20条

1 元気なあいさつ明るい笑顔

2 大きな声ではっきり発言する

3 手抜きをしないで汗をかけ

4 理由なく客を待たせるな

5 疲れた顔を見せてはならない

6 いつも冷静沈着うろたえるな

7 気に入らない人からケアせよ

8 逃げるな、言い訳をするな

9 何をいつどうするか明快に

19 お客より早く情報を入手せよ

11 トイレのありかを常に探せ

12 モーニングコールは全部自分で

13 メンバーの誕生日をチェック

14 忘れ物の注意は事前に具体的に

15 人数や個数は指差し確認を

16 常に思いやりと優しさをもつ

17 下手な外国語を恥じる必要なし

18 お客の立場から発想せよ

19 品のいいジョークを用意せよ

20 プライドを忘れてはならない

ない。あるいはごく簡単に「郷に入っては郷に従え」というフレーズを思い出していただくだけでいい時もある。双方を理解し、その調整役を上手にこなす。摩擦を和らげる役目をしっかり自覚する。

ついでに言うと、たとえば服装のＴＰＯやマナーだって大切である。ツアコンの中には妙に堅苦しい格好のまま、いつも同じスタイルで通している人がいる。全く場違いな、くだけた格好をしすぎている人も見かける。国や地域によってこうした基準は大きく異なってくるであろう。ＴＰＯと口で言うのは簡単だが、実際はそれほど楽ではない。つまり、臨機応変な、品の良いスマートさが必要なのである。さりげないツアコンファッションの研究がもっとなされてもいいだろう。すでに列挙したツアコンのさまざまな必要条件に加え、ツアーメンバーが「自分たちのツアコンはカッコいい」と思ってくれることだって、それなりに大切なのである。というわけで、顧客の満足という視点からすると、気を使わなければならないことは無限といっていいくらいある。

さらにツアコンには高度な責任感と、コミュニケーション能力が必要である。後者には「笑顔とあいさつ」から始まって、会話、知識、知性、気付き、ホスピタリティ、人間性などが含まれる。多少のことにうろたえない度胸、横溢《おういつ》した元気、仕事に対する信念と情熱は言うまでもない。笑顔とあいさつをカッコでくくったのは、これがすべての人間関係における、世界共通の重要言語だからだ。これ抜きでは何も始まらない。心のこもった明るい笑顔と元気なあいさつこそ、使用言語に関係なく、すべての人間関係を開く鍵である。皆、頭ではこのことを理解しているだろう。しかし実行できているだろうか。一度ゆっくり鏡でも眺めながら、十分にチェックしてみてほしい。

こうしたツアーの現場の体験を通じ、旅行企画者はお客様の反応や現地事情を肌で感じることができる。よく言われるように、「現場と細部に神は宿る」のである。生きたツアープランは現場との呼吸である。知識と感覚のなめらかな組み合わせから、優れた旅行の企画が誕生する。そしてツアコンの現場からは、次のツアーセールスが最もやりやすい。

Chapter 16

ツアー価格の合理的な設定

商売はいい物を安く売り、なお十分な利益を確保するのが理想である。しかし、競争相手を市場から排除するための戦略的な安売りもある。理想的な価格政策ということは、どのような姿にあるのだろう。より高く売る政策ということはあり得ないのだろうか。

想定した市場と、それへの商品内容をマッチさせること。売りやすい価格より、旅行後の顧客の満足度を重要視すること。という2点を中核に、価格設定上の注意事項を連載の第13回で述べた。今回は仕入れとの関連性や競争相手の存在を視野に入れ、価格の設定につき、多少のフォローを試みる。

よそとの競合がなければ価格設定は自由にできる。専門店系各社は、この点を十分アタマに叩き込んでいる。市場（顧客層）、商圏、商品、サービスなどにおいて、どれだけ独占排他的なビジネスを確立できるか、顧客からどのように認知してもらい得るか。

場合によっては、ホテルなど旅行を構成する素材を、独占的に押えてしまうこともありうるだろう。あるいは現地における専門店系のサービスや商品を扱う会社と、排他的契約を行うという方法もありうる。ＧＳＡ（販売総代理店）契約などというのが、これに相当する。時にはリスクが大きいが、またリターンも大きい。小規模の限定供給品、市場価値の高いものをどれだけ発見し、それをツアーに商品化できるかは、ツアープランナーの腕の振るいどころでもある。

もし商品の中身に差がなければ、当然安いほうが選ばれるであろう。しかし、旅行の内容についてお客は、直接タッチしてみることやテストしてみることができない。ゆえに、一見同じように見える商品でも、実体や内容は大きく異なることだって珍しくない。仮に類似の商品がよそにあり、しかも価格が安い場合、その差を十分に説明できるだろうか。つまり、自社商品の価格妥当性につき、十分な説得力をもてているだろうか。

価格競争の回避あるいは排除

アフリカ専門店の道祖神は、①直行便のあるところは扱わない、②大型バスは使用しない、③大手と同じ土俵には乗らない、④ビーチリゾートは扱わない、⑤事前調査抜きの企画はしない、などの内規を定めている。これらはすべからく、自社の企画の独自性や優位性を確保するためである。あるいはマスツーリズムとの一線を画すこと

●価格競争を避けるための7か条

1
商品内容の差別化を徹底して意識せよ

2
顧客からの信頼獲得を最優先

3
旅行の構成素材の独占は可能かチェック

4
サプライヤーとの信頼関係構築が重要

5
良好なコスト感覚をつねに保持すること

6
自社の商品価格に絶対的自信をもつこと

7
安売りは最低最後の手段である

と、言い換えてもいい。量的に優位をとられると、どうしても価格面でハンデを負いやすい。①や④というポイントに、それは端的に表されている。②に関しては、「冷房の効いた大型バスの旅行より、直接風を肌で感じられる小型車による旅行の優位性」を訴求するということである。しかしながら、このように他社との競合を回避しているだけでは面白みがない。たとえば、ハワイのようなマスのデスティネーションにおける高付加価値商品を、どのように「量に対抗し生産し販売しうるのか」。これが今後の専門店にとってのチャレンジだと、創業者の熊沢さんは語っている。

いずれにせよ単純な価格競争の場合は規模の大きい方が勝つ。したがって、価格競争を起こさないような環境づくりや商品づくりが、付加価値商品で勝負する企業の鉄則である。

顧客との信頼関係、あるいは取引先（サプライヤー）との信頼関係の上にしか、持続的なビジネスは成立しないと繰り返し述べてきた。旅行会社の場合、顧客との信頼関係がないと、とかく「値段がどれほど安いか」という一点だけを問われがちである。しかし、いったんその信頼関係が出来上がってしまうと、価格について問われることはほとんどなくなる。利便性やサービスの質、旅行商品としての満足度の高さが、単純な値段比較では無意味だということを、顧客がしっかり理解するためであり、「信任」してくれるからだ。

また、いい商品づくり、魅力的な価格設定には、サプライヤーの協力が欠かせない。こちらの方との取引における信頼関係構築も、すこぶる重要である。相手の弱みに付け込んだり、安く買い叩くことが能ではない。お互いの共通利益を一緒になって追求する姿勢が、常に必要とされるであろう。いわゆるオフシーズンにおける新商品開発などが、これに相当する。価格優位性のみを訴求するのではなく、常に新しい着眼点による付加価値づくりを、サプライヤーと一緒になって考え、またそのリターンを共有するという、優れたツアープランナーの技量を求めたい。それこそがステークホルダーとの信頼関係構築に欠かせない、企画者あるいは当該企業の器量である。

ブランド力と価格の信頼性

一方、ツアープランナーは、しっかりしたコスト感覚を持たなければいけない。現地の値段や料金相場、物価の水準というものを、定期的に把握しておく必要がある。世間相場、と言い換えていいかもしれない。人件費などについてもしかりである。仕入れ価格について、甘くなりすぎては各方面に支障が生ずる。もちろん、値切ればいいと言うものではない。ここらあたりのさじ加減が難しい。仕入れ価格妥当性の判断力や比較力も、ツアープランナーの大切な要素である。場合によっては、取引先にある程度の無理を依頼せざるを得ない場合があるかもしれない。こういった場合はこちらの「借り勘定」になる。妥当な仕入れ価格と、こういう借り勘定のケースを混同してはならない。お互いにとって、信頼に足る、より持続的な取引条件を常に追及してゆきたい。

「人的なサービスにスケールメリットはない」と述べてきた。基本的には、いいサービスを安く受けられることなどあり得ない。だからいい食事をしようと思ったら、食事代を値切ることなどあってはならないのである。レストランに入ってメニューを見て、値段を値切る人はいないだろう。基本的にツアーの食事も同じことである。人件費その他についても同様である。サービスはタダではない。いいサービスほど、その料金は高いのである。旅行業にあっては、この点を特にしっかり記憶しておく必要がある。

同じような商品が並んでいたら、多少高くても信頼度（ときに単なる知名度）のある会社の商品の方に手が出る。これがその会社が持つブランド力である。また同じ会社の同じような商品があり、値段に高低があったとする。きっと高いほうが品質がいいのだ、と思うであろう。それが「価格の信頼性」である。旅行会社としては、専門的な分野におけるブランド力獲得に力を入れていかなくてはならない。また、顧客からは、「高い分、きっとそれだけ良いに違いない」という、無条件の信頼を獲得しなくてはならない。

以上述べてきたように、採算度外視の「安売り」などというのは、通常商売としては最後の手段である。また、競争相手を排除するためのそれは、公正取引に違反する。ましてや旅行業のような「サービスを集合させ＝Assemble」売るような商品の場合は、それによる将来的な市場への影響や、デスティネーション価値への影響も視野に入れておかなくてはならない。ときにいい物を安く売って、「数を稼ぐこと」に気持ちが行き過ぎるあまり、こうした事柄に配慮を欠いているケースがなくはない。

Chapter 17

いい人間関係のつくりかた

旅行の企画には、多くの人たちとの接触を必要とする。仕事の成功の条件は、対人関係の技術にあるといってもいいだろう。つまり、コミュニケーションの技法に通じなくてはならない。それは単にコトバが通じるというレベルではない。

人間の直接的コミュニケーションにおいて、コトバが果たす役割はそんなに大きくない。その人の目つき、表情、声のトーン、しぐさ、雰囲気など、時にはコトバなどをはるかに上回る情報量を発している。理詰めでものを言おうとするより、大声で一喝したほうがいい場合がある。ペットの表情やしぐさから、われわれはどれほど豊かな情報を受け取っているだろう。「目は口ほどにものを言い」というが、口では及びもつかない感情が伝わってくることなど、男女や親子の関係を見ればすぐわかる。身振りやふれあいがコトバに加わらなかったら、コミュニケーションなどそもそも成立しないのではなかろうか。

「元気なあいさつと明るい笑顔は、世界共通の最重要言語だ」と以前に書いた。何語であるかなどは全く関係なく、人と出会ったとき、いつも自然にあいさつ・笑顔ができるということは、あらゆる人間関係を開くもっとも大切な鍵である。コトバが通じない世界においては、これが唯一の武器でもある。また気持ちのいいあいさつができるのは、自分自身の無料のプロモーションでもある。つまりタダの、効率よい、自己販売促進技法というわけだ。出会いがしらに、「ナニこいつ」と思われるか、「いいカンジ」と思われるかは、コトバなぞ関係ない一瞬のやりとりである。

というわけで今回は、この対人関係の技法についていろんな側面から考えてみたい。サービス業の現場にありながら、あまりにこうした事柄に無頓着な人たちが多いのも、日本ならではの特徴である。海に囲まれた島国で、異国の人たちを排除した生活を長く続けてきたせいか、ガイジン以外に対する「日本人同士」の暗黙の了解事項が多く、当たり前になっている。アメリカ人などを見ているとよく感じることだが、視線が合ったりすると反射的にニッコリする。敵意がないということを、無意識のうちにすばやく相手に知らせているのだ。日本人同士でうっかりそんなことをしたら、なんか下心でもあるのかと思われそうだ。などと考えてしまうこと自体、日本人のというか、日本の都会生活者のなさけない自意識かもしれない。

アイコンタクトをしっかりせよ

さて、そのあいさつだが、相手の目を見ないあいさつは、あいさつではない。きちんと相手の目を見つめ、気持ちを込めたあいさつが自然にできることが望ましい。アイコンタクトのないあいさつは、失礼極まりないことなのである。エラソーにしたい輩がよくやっている。目の色を読み取られたくないときにも、人は視線を合わさない。目は心の窓、とはよく言ったものである。

次に人間関係において、相手によって態度を変化させるということを、原則的にやってはならない。目上の人にはバカていねいなのに、その反対はえらく高飛車にふるまうタイプがいる。発注者の立場にいて、取引先にやけに居丈高になる人も見かける。同じ相手なのに、相手の立場や地位にしたがい、手のひらを返すような態度に出る人も少なくない。誰とでも、いつでも、ごく普通の敬意をもって接するということは、社会人としてごく当たり前の礼儀であろう。礼とは社会の秩序を保つための生活規範であり、儀とはものごとの道理にかなったことだと辞書にある。会社とか組織上のありようなど関係なく、あくまで一対一の対等な関係を意識したい。

また対人関係は、こちらから意識的につくっていく意欲が必要である。待っていれば先方から自然にやってくる、というものではない。対人関係はよく鏡にたとえられる。こちらが悪意を持っていれば、相手に映るし、そのまた逆もしかり。さらに第一印象の悪かった人の方が、よく付き合ってみたらいい人だったというケースは結構よくある。胸襟を開き、こちらからどんどん積極的に人間関係を構築していく努力を惜しんではならない。無愛想な人の方が実際は芯があって信がおけることがままあるのは、前記の愛想よくニッコリとは逆である。一般論のウラには、こんな逆の一般論も存在することを記憶しておきたい。

記憶は不正確だが、レイモンド・チャンドラーは彼の作品中の主人公に、「強くなくては生きてゆけない。優しくなくては生きている価値がない」みたいなことを言わせている。コミュニケーションの中に思いやりや優しさは常に必要である。と同時に、こちらの主張を強く、しっかり伝えなければならないこともまた多い。言うべきことをきちんと言う姿勢をもっていないと、信頼ある人間関係はなかなかつくることが難しい。

●いい人間関係づくりの心得10カ条

1

きちんとした礼儀をわきまえよ

2

アイコンタクトをしっかりしよう

3

出会いの瞬間に印象は決まる

4

嫌いと思っても好きになる努力を

5

人間関係は鏡のように反射する

6

相手を見て態度を変えてはならない

7

名刺に頼らない人間関係をつくれ

8

陰で悪口を言う代わりに褒めよ

9

服装や身なりはきちんと上品に

10

信頼関係抜きの仕事は成功しない

人間関係づくりの敷居を低く

コミュニケーション能力の中には、知性や知識のほかに、気付き、こまめさといった要素も含まれる。最近、『またあなたから買いたい!』(齊藤泉著、徳間書店)という本が、ホスピタリティ業界で話題になっている。山形新幹線の車内販売で極めつきの優秀な成績を上げた、「気付きのエッセンス」が見事に記されている。人の心をつかむサービスのありかた、ちょっとした心遣いあるいは気付き、工夫、社内への根回し、提案の仕方等々、小さなことの積み重ねがどれだけ大きな結果になって現れてくるのか、ビックリするような実例が細かく記されていて面白い。まだの方にはぜひご一読を勧めておく。

人の悪口を言うのは気持ちのいいものである。しかし、コミュニケーションの技術上からは、これを封印しなくてはならない。代わりに人のことを第三者に対して褒めておけば、間違いがない。悪口というのは不思議に、どういうわけか当人に伝わってしまう。それが別の形でこちらに跳ね返ってくる。一時の快楽はメリットを生まない。

逆に、当人に向かってではなく誰かのことを褒めるというのは、なかなかいい反応を引き起こすことが多い。「君子は人の美を成し、人の悪を成さず。小人はこれに反す」と孔子も言っている。

服装や身だしなみも、ある意味でコミュニケーションの技術に入るかもしれない。清潔さはその第一条件である。ＴＰＯをわきまえた服装、上品さ、控えめ、といった形容詞が続く。ホスピタリティ産業においては、きちんとした短めの髪型は大変重視されている。最大公約数の人たちの拒否反応を、最低限に引き下げる工夫を怠ってはならない。女性でいうなら厚化粧や爪を長く伸ばすことなどが嫌われる。不潔だからだ。一方、なりふり構わずの素朴さという演出もありかもしれないが、そこそこはかまったほうがいいらしい。

といった具合に人間関係の構築において、その敷居をなるべく低くするためのノウハウを述べてきた。旅行の企画にはどう関係があるのかと、いぶかられるかもしれない。しかし、こうしたコミュニケーション能力も企画者には欠かせないのである。

実践的に通じる英語のみがき方

日本人は英語が、あるいは語学がヘタだという。実際に自分もそうだし、恥ずかしい思いもしてきた。しかし、なぜ恥ずかしいと思わねばならないのだろう。旅行業においては、特に企画担当者達はここを突破しなくてはならない。対外的なコミュニケーション技術なく、企画などできないからだ。

Chapter 18

今から10年ほど前に沖縄でサミットがあった。米国からはクリントン大統領がやってくる。某国のモリ首相は英語が全くダメだったが、せめて「やあこんにちは」くらいは英語で言いたい。そこで外務省の役人が知恵をつけた。まず「ハウアーユー」と言いましょう。すると先方が何か言います。そうしたら「ミーツー」と言えばオッケーです。あとは通訳が入りますので。それで当日、モリ君は張りきって切り出したが、ちょっと間違えた。

モリ「フーアーユー」

クリントン「……アイアム・ヒラリーズ・ハズバンド」

モリ「ミーツー」

クリントン「……」

最初のやりとりはクリントン先生もなんとかユーモアで返したが、さすがにその後には二の句がつげなかった。これは当時「実話」として広く語られた。ご記憶の方も多いだろう。今回のタイトルに笑える話を思い出したので、忘れないうちに書いておくことにした。

絶対に恥ずかしがる必要はない

語学の習得は、子供が言葉を覚えるときを思い浮かべるのがわかりやすい。子供はまず母親の胎内にいるときから聞く。すべて聞き取る。一方的に聞くだけである。やがて感情表現を試みる。泣いたりうなったり笑ったりするであろう。母親の目つき、表情、声のトーン、しぐさ、肌の接触から少しずつ意味をくみ取ってゆく。親の言葉は、まずそれらの補完機能を果たすにすぎない。やがて親などの使う言葉を記憶し、それを使い始める。記憶したものから使ってみる。とんちんかんなやりとりもまま起きるが、やがて修正されてゆくであろう。即物的な表現から、徐々に抽象的表現をも獲得するようになる。ある程度会話の能力を獲得した段階で、学校教育=文字の習得が始まる。このように読むことと書くことは、言葉の学習の最終段階である。「聞く、話す、読む、書く」という順序がふつうだ。

ところが日本の外国語教育は、といってもほとんどは英語だが、この順序が逆である。というより、書くことと読むことの一部だけで中・高の英語学習は終わってしまう。会話などできる教員自体がいない。習得した英語がどのように役に立つのか全く不明だし、発音もかなりデタラメである。しかし書く段階においては、文法などけっこううるさい。英文を読むことはできるが会話は全くダメという教員が、大学でも珍しくない。現在高校修了者の約半分が大学に進学する。しかし大学を出ても英会話に関しては手も足も出ないものがほとんどだ。実用の機会もないことに努力しても、面白くない。文法など面倒なだけだから、英語が嫌いになる。というわけで日本における語学教育は、えてして英語から遠ざける「反教育」になっている。そして大して役に立たない英会話スクールに、楽に稼げる商売の機会をどっさり提供し続けているのである。

それで旅行企画者における英語だが、結論的に言うと「とにかく使う」しかない。聞くこと、話すこと、この2つの機会を増やす。日常会話はおよそ1000も単語を覚えれば成立するであろう。だから中学生の教科書で十分おつりがくる。問題は耳と口が慣れていないことだけだ。幸いラジオにも英語放送がある。昔はFEN（極東駐在の米軍用放送）をよく聞いて勉強した奴や、アメリカのポップス曲を丸暗記した者も多かった。なるべく記憶力が旺盛な若いうちに、どんどんやるしかない。ただぼんやり、英語がうまくなりたいなどと考えるくらいなら誰だってできる。

大切なことは、恥ずかしがらないことである。相手は日本語がわからない。だからこちらが英語を使って「あげる」のだ。しかし恥じる必要など全くないにもかかわらず、外国語が出来ない日本人は恥ずかしがる。これはガイコク人のほうがエライ（不思議に白人だが）と思い込むか、あるいは思い込まされてきたせいであろう。日清戦争に勝って以後、中国人やアジア人を見下す、「日本人の」情けない根性がでてきた。太平洋戦争に負けてから、白人＝アメリカ人に卑屈になるもうひとつの情けない根性が生まれた。えてして日本人の傲慢・卑屈は、これらが表裏一体になっている。旅行業界の人間としては十分意識して、この両方から自由にならなくてはいけない。

●実戦重視型英会話上達心得10カ条

1

下手で何が悪いと開き直れ

2

うまくしゃべろうとしない

3

発音や文法などを気にしない

4

大きな声ではっきりしゃべる

5

なるべく書き取って記憶する

6

気に入った文章は丸暗記せよ

7

辞書をどんどん引くクセをつけよ

8

わかった振りをしないで聞け

9

英文には目からも慣れよ

10

コトバは手段であり目的ではない

とにかく使いまくって慣れよ

そこでいくつか具体的な方法論を挙げておきたい。①うまくしゃべろうとしないこと。思いつくままに、とにかく単語を並べる。②発音を気にしないこと。RとLの差など、気にすればするほどおかしくなる。THとかVやFなどは、まあなんとかなる。慣れてくればだんだん良くなるであろう。③大きな声で、はっきりしゃべること。小さな声でもぐもぐしては、余計相手に伝わらない。④なるべくたくさん単語を覚え、使う。利用できる単語数を多くする。語彙の数が少ないと、当然言葉はガキっぽい。一般に教育の成果は、意味が理解でき、記憶し、使える単語の数で測ることができる。⑤書いて記憶せよ。聞いたことはすぐに忘れる。何度でも書いたほうが覚えやすいし、忘れにくい。⑥わからなかったら何度でも聞き返せ、あるいは書いてもらえ。わからないことは「わからない」とはっきり言うこと。適当にわかったふりは、日常会話では問題ないが、商売上では絶対にしてはならない。逆に、こちらの言うことがわかってもらえない場合は、単語を書いて示す。⑦英文には目でも慣れよ。この面では英字新聞もポルノもよい。⑧辞書を持ち歩くこと。幸いなことに最近はいい電子辞書もたくさんできている。わからないことをすぐに引くくせをつけてしまうと、日本語の習得にも大いに役立つ。⑨語学が不得手だから恥ずかしい、などとは絶対に思わないこと。できなくてあたりまえというくらい、ずうずうしく構えないと卑屈になる。「上手でなくては恥ずかしい」というこだわりを捨てたときから、外国語はどんどん上達する。⑩言葉を補う表情、笑顔、しぐさ、身振りなどを総動員せよ。というわけで、習うより慣れよというとおり、とにかく使う。聞く、しゃべる、書く。これせっせと繰り返す以外に、言葉の上達はありえない。

大切な結論は、「とにかく恥ずかしがらないこと」につきる。「必ず伝えよう」という意思。なりふりかまわず、通じさせることが重要なのである。子供はつたない言葉を恥じたりしない。さらに言うなら、大して中身もない輩が、中身のない話を、さも流暢そうにしゃべる姿ほど見苦しいものはない。要は何を伝えるか。下手で何が悪いと、開き直ってしまえばいいのだ。多少品がない。しかしスタートはここからである。

Chapter 19

観光局と協働するツアープラン

旅行業は各地における既存のネタを、商品として市場に届けてきた。名所旧跡から始まり、歴史文化、暮らしぶりや食べものもしかりである。一方、国の内外を問わず、各地域は新たな観光客の誘致に知恵をしぼっている。国や自治体の観光政策と、旅行業の協働がもっと積極化されていい。

自治体や政府の予算によってまかなわれる観光促進のための機関を、ここでは一括して「観光局」としておこう。

日本では近年ようやく、疲弊する一方の地域社会の活性化、経済振興策の一環として、観光に着目するケースが増えてきた。一国の経済振興策としても、内外の観光振興を軸とする中長期的立国政策が、ものづくり、貿易、ＩＴ関連、文化などに続いて語られている。土建屋国家として勇名をはせた日本の目覚めと言えるかもしれない。世界観光機関（ＵＮＷＴＯ）は08年度世界全体の観光による経済規模を、５兆８９００億ドル、ＧＤＰの９・９％に達するものと見積もっている。ざっと６００兆円もの市場だ。日本でようやく立ち上がった観光庁を、はなから観光省で行くべしという主張の根拠はここにもある。だからあえて日本の数値目標というなら、国内とか海外とかいったせこい了見を捨てて、せめてこの10％確保ぐらいを掲げるべきであろう。

大げさな話はその程度にして、観光局の役割は市場の形成にある。よその地域からどのようにしてお客を呼び込むか。そのための商品づくり、販売促進（宣伝、広報、プロモーションなど）をどうするのか。他地域との差別化はどうする（ブランド戦略）等々、具体的な戦略と戦術が求められる時代になった。かつてのように「○○良いとこ一度はおいで」などとやっていたのでは置いてゆかれるばかりだ。もっと具体的に、新しい素材を積極的に売り込まねばならない。情報提供などと言って、問い合わせに対応するレベルでよしとするなど、のんびりやっていられる時代ではない。

新しい観光地と需要の創造

旅行業の役割もまた、こうした時代の動きに連動しなくてはならない。かつては既存の観光素材に依存し、それをなりゆきで消費していればよかった。お客のニーズに対応するなどというセリフをよく聞いた。しかし今やニーズはつくり出さねばならない。ある観光地や旅館に、なるべく定型化したお客を、大量に、安く送り込むこと。この繰り返しによってそこはすぐに飽きられる。価値がなくなる。観光地の没落である。本来観光は地域を育てなければならない。地域と観光客の送り手が協力し、より魅力ある観光地として育っていかなくてはならないはずである。しかし実際には、マスツーリズムによる地域汚染や地域つぶしが至るところで見られてきた。

各地のもっている観光要素をもう一度見直し、あるいは発見し、磨きをかけ、商品として市場に出す。つまり「新しい市場をつくり出すこと」。これが観光局の使命で

●コミュニティーと協働する観光創造

1. 地域主体の内発的な観光創造を
2. 地域の人々の理解と協力を得る
3. 期待値を上回る諸サービスの提供
4. 滞在時間をなるべく伸ばす工夫
5. 体験型観光素材の工夫と磨き
6. ここだけ・今だけのおいしい食べ物
7. 地域の景観をよくする長期計画
8. 地域の産業をツーリズムに取り入れる
9. 地域の誇りを子供たちへ引き継ぐ
10. 観光創造を担う主体の組織づくり

あり、旅行業の使命である。既存のものの消費から新商品による新市場の開拓へ。これこそが新しい旅行業が目指さなくてはならないミッションである。各地域における個々の事業者はいずれも規模が小さい。なかなかよその地域にまで打って出にくい。これを束ねて市場に届けるのが観光局の役割である。各地の観光協会とか県や地方自治体の観光課の仕事は、こうした地域の商品化と販売促進にほかならない。全く不十分な人員と予算で、なんとかこれを遂行しようとしている。

観光産業、旅行業の存在基盤が観光地・観光素材にあるのは言うまでもない。だとするなら、旅行業の企画担当者と観光局のなすべきことはほとんど一致する。おのおののビジネスにおいて重なり合う部分が少なくない。お互いに不得手な部分をカバーしあうことができる。むしろ一緒に、新商品の開発研究や商品化、プロモーションを手がけられるだろう。旅行業にとって広義の、本来的な「インバウンドシフト」はこれである。

たとえば旅行業の企画担当者がなすべきことは、不振にあえぐ観光地や旅館・ホテルに対し、どうしたらそこをもっと魅力あるものにすることができるか、一緒に考えることだ。相手の立場を見透かし、買い叩くことがその仕事ではない。通過観光地から宿泊観光地へ。1泊より2泊、2泊より3泊させるための工夫。滞在時間の過ごし方。新しい観光素材の研究。選択肢の多様化。季節別の観光要素や観光方法の再構築。自然、食べもの、時間帯、歴史、暮らしぶり、交流、体験型活動など、既存のものに頼らない魅力の発見と商品化は、顧客の目線に近い企画担当者ならではの発想が役立てられるはずである。それらを単品であれ、パッケージにしてであれ、ともかく市場に流通させてゆくこと。旅行業と自治体や観光局の協働によってこそ、効率のいい相乗効果が図れるはずである。

独創的なコミュニティー・ツーリズムを

旅行業の立場からすると今までの企画・発想の軸足を、発地型から着地型へ移すことである。あるいは新しいデスティネーション開発を地域と一緒になって行う、コミュニティー・ツーリズム創造への参画である。地域の視点とよそ者の視点をハイブリッド化させる。地域の広報と旅行商品の宣伝を有機的に結合させる。観光客の評価や要望をコミュニティーにフィードバックし、商品のありようやサービスの向上、コミュニティー・ツーリズムの経営を向上させるための支援を行う。

新しい商品の提供こそが良いサービスである、というマーケティングの視点がある。旧態依然の売れ筋頼りが続くようでは、その業者に未来はない。他社の動きを横目で見ながら、いくら安く出来るかばかりにアタマを悩ませるようでは、旅行企画は面白くもなければやりがいもない。市場からの評価も決して獲得することはできないであろう。

このように考えると、企画者の仕事はがぜん奥深いものになる。新しい観光地の発掘、再発見、組み合わせ、ブランディング、パッケージング、売り方等々について観光局と協力する。あるいは航空会社や鉄道などの運輸機関と3者のジョイント・プロモーションを考える。予算と知恵とエネルギーを出し合う。観光産業としての付加価値づくりを一緒になって行い、その販促と営業に責任を持つ。お互いにもてる資源を共有しあえばいい。目指すところは「オリジナルなコミュニティー・ツーリズムの創造」である。

日本にあるおよそ60カ国の各国観光局の動きを見ていると、ほとんどがその活動を広報の一部にしか機能させていない。日本政府観光局（ＪＮＴＯ）の対外的活動もまたしかりである。組織と不十分な予算の継続を自己目的化させたかに見えるそれらに、存在価値はない。あるいは全国各地にある観光協会や自治体観光課も同様だ。本来はこうした組織こそが、観光の活性化、地域振興の主力を担わなくてはならなかった。やや沈滞化しているツーリズムに活力を与え、地域社会に光を当ててゆくことは、これからの旅行業の大きな使命のひとつである。

名所旧跡に代表される古い観光のあり方から、新しい観光の創造へ。これへの積極的関与こそ、新しい旅行企画者の誇るに足る使命でもある。

Chapter 20

顧客の目線をすべての判断基準に

顧客満足とか顧客目線とかいう言葉をよく聞く。しかし、毎日のあらゆる業務において、常にこれが基本となっているだろうか。機械的な電話の自動回答システムによくみられる、実に腹立たしいうわべだけバカ丁寧な無責任・無反応体制になってはいないか。

顧客満足というのも、言うは易く行うに難しの部類に入る。毎日の業務においては、どうしても社内の論理が優先されがちだし、効率などを考えると、いちいち顧客の目線ばかりは気にしていられない。セクショナリズムの壁もあり、ともすれば顧客に正対することなく、よそにうっちゃりたくなるのは人情であろう。しかし組織の一員として、顧客からの要望や指摘が解決されるまで、最初の窓口になった人間が責任を持ってフォローするという気持ちは大切である。これができなくなることを大企業病といっている。

旅行の企画においても、「自分がこれを買う立場だったらどう評価するだろう」と常に意識することが、すこぶる大切である。迷ったときも、たいがいはこれで答えが出る。あるいは自分の親や大事な先生だったらどう判断するだろうか、と考えてみる。

しかし年齢の若い企画担当者は、無自覚的に自分の価値観を企画内容に反映させがちなところがあるから、中高年向きの旅行企画の際などには注意しなくてはならない。たとえば、いまだに「食べ放題」などが特典となった新聞広告を見たりする。今や中高年が気になることは、おいしさや健康であって、見てくれの派手さやボリュームなんかではない。あるいは1日に乗るバスの走行距離や時間。机上のプランではつなげても、実際に旅行してみるととんでもない過密スケジュールになってしまう場合がある。しかし、このほうがパンフレット上では、「盛りだくさんの充実内容」に見えたりしてしまうから、始末が悪い。

ホンネを探り出す作業

したがって顧客のアンケートには、企画者は100％目を通さなくてはならない。アンケートもなるべく自由に記入してもらえるスペースを用意するほうがいい。よくあるのは、5段階評価などで数量的に平均値を把握するものだが、こればかりでは質的な、あるいは微妙な感覚評価が出にくい。自由記入欄にはそうした指摘が多少は期待できる。時にはそうした記入をしてくれた顧客に直接面会し、詳しい話を聞き出す姿勢が必要だろう。いつも自分で企画した旅行に添乗しているなら別だが、そうとばかりは限らない。特に組織が大きくなればなるほど、顧客との距離は大きくなってしまう。新企画・新コースの参加者には必ず何人かから意見を聞いてみる。必ずしも的を射た意見ばかりであるとは限らないものの、傾聴に値する指摘もあるだろう。

可能であれば、なるべく多く自分でツアコンに出てみることが望ましい。ツアー内容、ガイドに関して、特に顧客の反応などを肌で感じることができる。血の通った旅行企画につなげるため、プランナーにとってツアコン業務は必要不可欠であるといっても言い過ぎでない。その意味からは、旅行業に働くものは年齢や職務・地位に関係なく、定期的にツアコン業務を行いながら、原点に立ち戻って喝を入れ直すくらいの覚悟があっていい。顧客の立場で物事を考える訓練にもなる。

しかし、顧客とはおおむねわがままなものである。ツアーを購入する前と実際に旅行した後では、意見が無自覚的にズレることも珍しくない。ツアー後の意見こそを大切にしなくてはならないが、ツアーの購買動機も重要である。使用前と使用後における顧客の意見を、バランスよく受け取る取捨選択能力もプランナーには欠かせない。

何度もいうが、プランナーはお客の無知に付け込んではならない。旅行の商品はお試しも、お取替えもできないからである。あれもこれもと詰め込んだ「充実内容」が、実は超多忙スケジュールで、結局は何も見せない、説明もない、記憶にも残らないツアーだったりする。安く見せかけ、いろいろな副収入を試みる。これだけ安いのだから多少は仕方ないでしょう、と言わんばかりの粗悪内容旅行。こうした叩き売り商法が常態化すると、市場もデスティネーションも結局は衰退に向かう。いっそデメリット表示として明記するか。

北海道への旅行客数が近年、長期低落傾向から抜け出せないでいるのは、旅行業サイドによる叩き売りの常態化と無縁ではない。オフ期に航空運賃などが超安値で仕入れられるなら、その分を食事や宿泊の付加価値向上に回したり、緻密な内容の観光開発に投入したりする必要がある。それこそが旅行業企画者の存在理由であり、旅行業の社会的な使命でもある。同様のことは沖縄にも言えるだろう。お手軽な南西諸島5島巡りなどを見かけるが、「行った、見た、帰った、もういい」ではデスティネーションは育たない。市場も拡大しない。

●顧客満足の意味を理解する視点

1	自分が客だったらという視点を常に
2	アンケートにはすべて目を通すこと
3	顧客との親密なコミュニケーション
4	自ら定期的にツアコンに出てみる
5	申込前と旅行終了後の意識変化に注意
6	お客の無知に付け込むような企画はバツ
7	満足狙いより不満足をつくらないこと
8	クレーム処理から逃げてはならない
9	客の非常識には正面から立ち向かえ
10	クレームを言ってくれるお客こそ大切

不満足をゼロにする大切さ

次に指摘しておきたいのは、顧客の満足度を向上させるより、不満足度をゼロにすることを心がける大切さである。失点をなくすことが、結果的には得点につながる。得点のことばかり考えていると、大きな失点につながるかもしれない。満足度にはきりがない。個人差もある。しかし、不満足度はある程度読める。あれこれ引っ張り回す前に、トイレの場所を確認しておくほうが大切なのである。

おしまいにクレームについて。原則的に、クレームを言ってくれる顧客は大切である。普通はよほどのことでもない限り、わざわざクレームなどつけない。黙って離れ、反宣伝をされるだけだからだ。例えはよくないが、クレーム1件はゴキブリ1匹と同じ、その10倍は存在する可能性がある、と考えておくべきだ。いい加減な対応ではなくきっちり対処しなくてはならないし、逃げたり、放置・先送りなどは絶対してはならない。ほとんどの場合、問題はかえって大きくなるだけである。

ただちに反応する。まず徹底的に先方の言い分を聞く。謝るべきところがあればヒラに謝る。これで収まるクレームは少なくないし、ここをうまく切り抜けると信用度が高まり、かえって上顧客として定着してもらえるケースが少なくない。ときには補償問題もあるだろう。こうしたケースは世間的・常識的な判断基準がある。必要以上に悩む必要はない。要は速やかに、冷静に、会社としての責任ある対応が必要である。もちろんこのプロセスは社内の経験値として共有されなければならない。

問題なのは俗に言うモンスター、あるいはクレーマーの存在である。はなから「誠意を見せろ」と言いつつ、落し前のカネを狙うたぐい。これなどにはさっさと見切りをつけ、弁護士に任せるなどの措置を取らないと、日常業務に支障が出てしまう。脅されて相手の言うなりになっていたのでは士気に影響するし、社会的にもマイナスである。非常識に堂々と立ち向かうのもまた、企業の社会的責任である。

というわけで、クレーム処理というのは学ぶところが多い。「新人を育てるにはクレーム処理の見習いから」というのはこれを指している。

Chapter 21

持続可能な旅行業とツアー企画

環境問題に対する社会意識の変化が急である。日常生活においても、いかに二酸化炭素（CO_2）の排出量を抑えるか、どうしたら出してしまったCO_2を相殺できるのか、といったことまで気を配らなければならない時代になった。

地球温暖化といわれても、ぴんとこない。我々の排出するゴミやガスなどが、巡りめぐって地球全体の将来を危うくしているらしい。でもそう言われたって文字通り雲をつかむような話だし、とりあえず当面の生活に影響があるわけではない。まあ政府がなんとかしてくれるだろう。便利で快適な暮らしを変えたいとは思わないし、その必要も感じない――くらいに考えている人が、まだいるのかもしれない。

しかし、科学的なデータなどによれば、そんな悠長な事態ではなく、コトは焦眉の急を要している。ここらあたりを詳しく、わかりやすく解説してくれているのが、デニス・メドウズほか『成長の限界・人類の選択』(ダイヤモンド社)だ。旅行業の企画担当者としては、まず目を通しておかなくてはならない1冊である。一人ひとりの暮らしからあらゆる事業活動の範囲まで、先進国も後進国もそれなりに力を合わせて取り組まない限り、どうにもならないところまできているらしい。

というわけで、その具体的な対策については、①排出量の抑制あるいは削減、②排出量の算出、③排出分の相殺、ということからスタートする。参考までに、環境省が発表しているCO$_2$排出量の目安についてご紹介しておこう。地球環境そのものが商売のネタになっている旅行業としては、これに何らかの対応策を講じることぐらい、当たり前と考えておかなくてはならないようである。前頁の①〜③を具体的に理解するうえでの手がかりとなる数値だ。

CO2排出量を相殺するには

まず、人間1人が1キロ移動するのに排出するCO$_2$の量は、鉄道：19グラム、バス：53グラム、航空機：111グラム、乗用車：175グラム。これを記憶するためわかりやすく言うなら、バスは鉄道の3倍、航空機は鉄道の6倍、乗用車は鉄道の9倍、というのが排出量の目安である。

次に、これらを相殺（オフセット）するのに必要な費用が、1トン当たり2000円と算出されている。つまりCO$_2$を吸収してもらうための植林を行ったり、クリーンエネルギー創出に投資したりすることで、排出したCO$_2$を相殺したり、あわよくばマイナスにまでもってゆくためのコストである。カーボン・ポジティブとも表現したりされている。

では、排出量とそのオフセットのための費用を、航空機を利用して飛ぶいくつかの例で見てみよう。東京／札幌：90キログラム・180円、東京／那覇：175キログラム・350円、東京／ソウル：140キログラム・280円、東京／ホノルル680キログラム・1360円、東京／パリ1100キログラム・2200円と、まあ、こんなぐあいである。

これを東京から札幌まで飛行機で飛び、500キロほどバスで走るツアーにあてはめた場合、カーボンオフのコストは413円になる。この金額をツアーの代金に含めておいて回収し、植林事業などに回すことができるようにすれば、少なくともツアー実施における交通手段部分から排出されるCO_2は相殺される。そこでもし、500円を上乗せし回収したとすれば、コストとの差額分87円分が「カーボンマイナス」とカウントできる。排出分を相殺したうえ、さらに87円分を持続的な環境形成に回せるという、ポジティブな勘定になるわけだ。

トヨタは環境対応型の車プリウスを世に問い、高価格の不評にめげず十数年がかりで市場に定着させることに成功した。それぱかりではなく、今や世界中の車メーカーがプリウスを手本に、さらにそれを超えようと競い合う状況までつくり出してきた。旅行や観光はサービスの組み合わせであり、トヨタのようにモノをつくる産業ではない。しかし先にも述べたとおり、健全な環境に恵まれて初めて成立する産業であり、環境問題への意識・寄与は、むしろ車のメーカーなどよりもっと直接的に関係しているといえなくはない。「旅行業におけるプリウス開発担当者」は何人いるだろう。

市場の変化に対応できているか

環境に対する意識の高い国における旅行・観光業者の中には、すでに旅行代金の中に1人当たり数百円レベルの「環境保全分担金」を含めてツアー参加者に協力を求め、この金額を動物保護、植林などをはじめとする環境保全活動に生かしているケースが少なくない。そして、そのことを自らの企業姿勢として市場にアピールしながら、企

●環境対応型旅行業へのロードマップ

1. カーボンオフセットについて理解する
2. ゴミやCO_2の排出量を抑制する努力
3. ツアーのCO_2排出量を計算してみる
4. カーボンオフセットの仕組みをつくる
5. 社内の意識を徹底させるシステムを
6. 取引先との協働・協力態勢をつくる
7. 会社のCSRミッションに明記する
8. 顧客に理解を求めるPRを徹底する
9. デスティネーションの魅力につなげる
10. 生活とビジネス全分野に意識を広げる

業のブランド価値を高めようとしている。つまりエコツアーをうたったり、単発的イベントとしてのゴミ拾いツアーというレベルを超えて、全社的な企業の社会的責任というところまで踏み込んだ「ミッション」を打ち出しているのである。これを会社のトップから末端のスタッフにまで透徹させている。そのことが社員全員の誇りにもなっている。

さて、わが日本の旅行・観光産業においてはどうか。宿泊・運輸関連企業の中に、このような動きが見られているだろうか。ツアーづくりの現場において、こうした環境問題に対する配慮がどの程度行われているのか。さらに、利用する宿泊機関やバス会社など取引先との間で共同歩調が協議され、方向性をそろえる努力がなされているであろうか。

ぼつぼつ、いわゆる大手とされる旅行業者のミッション・ステートメントの中に、このことを明記する会社が現れていいはずである。というより、現れてこないとまずいのではないだろうか。業界の中で、市場との接点に立っている営業や企画担当者からも、このような考え方を経営の中枢に反映させてゆくべきである。

理想論ではメシが食えない、などと言っている場合ではない。どうしたら他社より100円でも安くできるかといった作業は、サービス業にとって不毛である。自分の仕事、会社、事業を通じ、どのような社会貢献ができるのかをも考えなければならない時代になった。そして、そのことを消費者が意識し始めている。きちんとしたビジョンやミッションが掲げられ、それを全スタッフが理解し、商売の末端にまで反映されているか。こうしたことが市場からの評価の対象になっている。企業のブランドと差別化にはある種の哲学が不可欠であり、市場から評価されない会社は、退場を余儀なくされている。

今世紀に入って後、特に旅行・観光を取り巻く市場環境は大きな変化に見舞われている。企業は大きなものや力があるものが生き残れるわけではない。環境の変化・市場の変化に対応できたものだけが生き残る。ダーウィンの進化論となんら変わることがない。持続可能な環境、持続可能な社会、持続可能な旅行業にむけて、企画担当者の奮起が期待されている。まずは「カーボンオフセット料金込みの旅行企画開発」から手をつけてみようではないか。必ず賛同してくれる市場はあるはずだ。

Chapter 22

元気なツアープランナーになりなさい

さて旅行企画の技法もいよいよ最終回である。旅行企画の仕方について、技術的なことを中心に書いてきた。しかしながら思い込みの強いせいで一方的なことを書き過ぎたかもしれない。あるいは書ききれなかったことや不十分だったこともいっぱいある。

09年、文科系大学生の志望する企業のトップに、ＪＴＢが返り咲いた。これは斜陽化産業と受け取られている旅行業にとって、明るいニュースであるに違いない。今世紀に入って以降、確かに旅行業の不振が続いてきた。しかしこの理由は、今までの旅行業に内在した脆弱な体質が、市場の変化に耐えられなくなってきただけのことである。世界の観光市場は依然伸び続けているし、旅行や観光の将来は決して悲観するに及ばない。ただ、よりタフに、より知恵を使わなければならない時代になった。手数料に依存する、代理業の古い衣は脱ぎ捨て、商品とサービスの付加価値を競う時代になった。いい旅行商品、どれだけ納得のゆくサービスが受けられるかという信頼性が、市場から問われている。

さて、旅行業を志望する学生たちに人気が高い職種は、なんといってもツアープランナーである。あえて言うなら、かっこよくみられ、あこがれをもって眺められているのだ。そこで当連載の最後に、もう一度プロのツアープランナーの基本をレビューする。21世紀をリードする産業にあって、先端を切り拓いてゆくべき役割を果たすのがツアープランナーだとするなら、それにふさわしい気構えをしっかり持ってもらわなくてはならないからである。

健康な身体とみずみずしい感性を

1 健康な身体の維持

1日24時間を3等分し、①仕事、②睡眠休息、③その他、に分ける。①のクオリティーを高くキープするためには、②と③の充実が欠かせない。③に含まれるのは食事、家族、友達、遊び、勉強、本を読むことその他のすべて。つまり①のハイパフォーマンスは、②③によって担保されている。この関連をきちんと理解し、エネルギーや知識のインプットとアウトプットのほどよいバランスを保ってゆくこと。これには他人が関与できない。自分で意識的にやりくりする以外にないのである。健康管理と精神状態の自己管理は給料のうちと考えよう。いくらいきがって奴隷のように時間を使い働いたところで、身体を壊してしまったら元も子もない。そうなったところで会社は助けてなんかくれない。

2 感性を磨くこと

みずみずしい感受性をいつも保っておくことは、ツアープランナーの大切な要件である。これには「こうすればオッケー」というセオリーがあるわけではない。ただ人間の6感を常に揺さぶっておくことである。感動体験をなるべく多くする。芸術家の恋を持ち出すまでもあるまい。映画、音楽、文学、スポーツ、味覚。こうした分野に時間とエネルギーを使うことは無駄ではない。形に残らないものへの投資は、意外なところで意外なリターンをもたらしてくれる。しかし、これは計測不可能である。

3 書きとめておくこと

毎日の生活の中で、「おや」と思ったことなどを常に書きとめる手間を惜しんではならない。人との会話。新聞の中のちょっとした知識。ふと思いついたこと。本の中身。広告なんかの表現。気に入った風景。なんでもいいから、書きとめておくクセをつけたい。メモ帳にちょこちょこ書いておき、どこかで整理する。清水幾太郎は「読書は書くことで完了する」と言った。内容を咀嚼し、考え、それを文字で表現してみ

●面白くてためになる思いつき10冊

1

クライブ・ポンティング『緑の世界史』朝日選書

2

富山和子『日本の風景を読む』NTT出版

3

佐野眞一『旅する巨人－宮本常一と渋沢敬三－』文春文庫

4

沢木耕太郎『深夜特急』新潮文庫

5

本田勝一『カナダエスキモー　』朝日文庫

6

ヘレナ・ノーバーグ・ホッジ『ラダック　懐かしい未来』山と渓谷社

7

辺見 庸『もの食う人びと』角川文庫

8

アレックス・カー『犬と鬼　知られざる日本の肖像』講談社

9

チャールズ・C・マン『1491』日本放送出版協会

10

ラ・ロシュフコー『箴言集』岩波文庫

る。しゃべる、読む、書く、という行為の間にはそれぞれ大きな溝がある。それを越える努力を我々はいつも強いられている。それは思考することにほかならない。何気なく気がついたことをメモするということは、その考えることの第一歩につながるであろう。

たんなる備忘ではない。日記をつけるクセでもいい。アタマの中にあることを、書き出すことによって整理する。慣れてくると要領よく、ものを書き出すことがラクになる。パンフレットのコピーライトだって、楽しくなるであろう。読むことが出たからついでに一言。毎朝新聞を読むことを義務付けたい。政治、社会、経済、文化、教育、文学、国際、流行、地域、世論、科学、スポーツ、書評などが、わずか130円のパッケージで「向こうから」届く。広告も重要な情報である。時間がなければ斜めに見出しだけ眺め、気になるところを拾い読みすればいい。i-Phoneではこうはいかない。朝刊の情報量は新書版1冊分、ざっと10万字分ぐらいはある。ただし社会面は、あまり気を入れて読むとバカになる。それに、政治面と経済面は「ウラがあるでしょう」と、まずは疑ってかかること。

4 人の真似をしてはいけない

マーケティングは「新しい市場をつくること」である。自分の知識と知恵を使って新しいツアーを作り、新しい顧客層を開拓する。よその研究は不可欠だが、モノマネをしてはならない。常にオリジナルをつくりだす。真似されるようになればいい。新しいチャレンジを恐れてはならない。どんな商品か、どんな販売促進をかけるのか、価格はどうか、より効率の良い流通は。それらすべてにアタマを使う。データも必要になる。上司を説得する。顧客に提案する。社会の動きに敏感であれ。時代の先端を行くツアープランナーのMission, Vision, Passion（MVP）をしっかり持っておかなくてはならない。

5 アジアの再発見を

日本から最も身近なところはアジアである。インドシナ半島に何カ国あるか、東南アジアに何カ国があるか、すらすら言えるだろうか。明治以降の教育のせいで我々は意外にアジアについて知らない。その歴史、文化、風土、民俗などについてあまりに知識が乏しいのが一般的である。たとえばスラウェシのタナトラジャ、ミャンマーのインレー湖、あるいはメコン河流域。アジアはようやく、欧米の植民地時代とその後遺から抜け出しつつある。これら諸国のひとつひとつをしっかり研究しよう。季節、動植物、食べもの、暮らし、その他。旅行業にとってはさまざまな意味から、アジアの宝が手付かずで残されている。これをどう旅行商品に仕立て上げるかは、プランナーの腕次第である。アジアはひとつではない。アジアは奥が深い。ビーチや都市はほんの入り口にすぎない。

6 お客はメディアである

何回も言ったことだが、最後にもう一度言う。お客様は満足すれば、満足したと宣伝してくれる。反対なら、不満足を宣伝してくれる。つまり、非常に感度の高い、無料の媒体がお客様なのである。したがって商売で一番大切なことは、一人ひとりのお客様にしっかり満足していただくこと。いかに集客するかではなく、いかに満足していただくか。この点を勘違いしてはいけない。顧客満足が企業のブランドを裏書きし、育てる。ここさえ外さなければ、すばらしい仕事ができるであろう。

おわりに

最近自分は何度か、新聞などで広告されているツアーに参加してみた。よく売れているという企画の実態を、客の立場になって体験してみるためである。

2例をあげてみよう。6泊7日の中国ツアーでは、ほとんど毎日のモーニングコールが5時。そして3回の朝食がバスの中で、まったく同じ弁当の中身は「パン、魚肉ソーセージ、牛乳、りんご、ザーサイ」だった。おおげさにいうなら、息も絶え絶えの強行軍である。バスに満員の参加者は、ほとんど中高年の夫婦で占められていた。別の会社のトルコ旅行10日間。いちおう約束されたところを回ってはいるものの、世界遺産観光を端折ったり、市内観光を半分あるいはほとんどすっ飛ばしたり。「ははー、マジに企画者が足を運んだ結果のスペックではないなー」と思わされるところがいっぱいで、ベテランの契約ツアコンと手慣れたガイドが、いいようにツアーの手を抜いている。またこの両方に言えることは、ツアーに付いている3食が「その国の文化体験を阻害する」という事実だった。中国にしろトルコにしろ、食文化のレベルは世界最高水準にある。にもかかわらず食事がすべてツアー代金の中に含まれているために、参加者は現地のきちんとした食事にありつくことができない。ひどい内容の、極端な言い方を許してもらうなら「エサ」をあてがわれる状態に近いのである。旅程の中で自分勝手に食事をとること自体、物理的に不可能な状態になっている。このほか細かなところを指摘するときりがない。

困ったなと思うのは、旅行会社の方は「こんなに安くしたのですから」。お客の方は「こんなに安いツアーなんだから」と、双方が同じ言い訳で、バランスが取れてしまっていることである。これはツアー中のツアコンの態度と、ツアー中のほかの参加者たちの反応から明らかだった。旅行終了時、アンケート記入を要求されたので、これらにつき細かくアドバイスを書き連ね、記名入りで提出した。もちろんクレーム口調でやってはいない。しかし、その後旅行会社からも、企画担当者からも、ツアコンからもナシのつぶてである。自分が企画をやっていた時代なら、とるのもとりあえずすっ飛んで行っただろう。一番学ぶべき「ユーザーからの声」を放りっぱなしにしていいはずがない。一体何のためのアンケートなのだろう。たぶんこれが、企画担当者自身の手によるエスコートだったら、まったく違った結果になっている。ツアコン業務は人気職種であるばかりか、人を育て、お客も育てる。組織が大きくなるほど、販売、企画、仕入れ、添乗など、旅行業務は分業となってゆく。しかし特にお客様との接点である、しかも旅行業にとって一番本質であるエスコート業務を、すべて外部委託にしてしまうのは問題なしとしない。サービス業にとって機械的な分業は、旅行の仕事をつまらなくするとともに、ツアーの品質管理上からも相当な不安定さを抱えてしまうことになりやすい。

さらに残念だったことは、ほかのたくさんの旅行会社による多くのツアーが、ほとんど同行程、同観光、同ホテル、同食事、同ショッピングで運行されているらしいことだった。こうしたマスツーリズムはあながち悪いことばかりではない。しかし、最近十数年にわたる日本の海外旅行の不振を見るにつけ、「これではな」と思わざるを得ないではないか。肝心のツアープランナーが、お客の夢を削ぎ落とすことばかりやっているようにみえもする。ホテルなどのサプライヤーに安値を強要し、旅行内容を削り、販売価格を必死で抑え込み、挙句の果てはスタッフの給料や時間まで。そうした努力の挙句がすべて「商品の安さ」、いうなれば価格競争力にのみ振り向けられているとしたら、旅行文化など育てられるはずもない。

海外旅行自由化から半世紀近くたった。つまり1世代半が過ぎている。にもかかわらず、マスツーリズムの旗手たちは、上記のような「量と安さ」のみを競い合いながら、全体市場に手詰まり感をもたらしている。これは総じて国内旅行にも言えるし、すでに外国人の日本旅行にも、同じような兆しが見え隠れしているようだ。市場の世代交代がすっかり完了しているのに、旅行商品の世代交代ができていないのである。賞味期限のすっかり切れた旅行商品が、価格だけを劇的に下げ、これみよがしに売り出されつづけている。

多少でも高い方に手が出るという旅行商品、あるいはブランド。多彩なアジアの魅力をたっぷり取り込んだ個人旅行。目的志向が鮮明な幅広い商品群。市場に広く出回っている旅行には、こういった夢をかきたてる想像力やアイディアが欠けている。代わりに目立っているのはこれでもかと、安値だけを訴求する品のない広告ばかりである。安売り競争の先に未来はなく、自らの首を絞める結果につながるのみ、という事実にぼつぼつ気が付いていいはずではないか。品質から手を抜いた安売りは、最低最悪最終の手段である。この値段でこれだけの内容が、見かけだけでもこんなに盛り込まれてあればいい出来、などというのは長期のビジョンを欠いた自己満足に過ぎない。顧客の「旅行後における満足度」が一番大切なのだという基本を、しっかりアタマに叩き込むべきかと思われる。

地球は広いし、手が付いていない観光地域は無限に近くある。10年現在、世界遺産の数だけをみても、自然と文化の合計で811を数えている。たとえば多くのプランナーたちは、そのうちのいくつに足を運んでいるだろう。もちろん世界遺産はひとつの例に過ぎない。さらにテーマや切り口は無限である。同じ地域だって季節が変われば見せ方も違う。さまざまな体験型のプログラムだって揃えようとすれば限りなくあるだろう。「花粉症にサヨナラ、南の島で1か月」といったツアーがどっさりあってもいいではないか。TV局と組んだ「全世界自然遺産180か所へ、弾丸ツアー180コース大発売」も面白いだろう。そうした意味合いからすると、うわべだけの旅程保証責任や、回数だけの食事条件表示、といったようなツアーの創造性を規制してしまっている面がなくはない旅行業法も、根本的に見直すべき時代になっている。業法は消費者保護だけが能ではない。旅行業者の創造力や消費者の自己責任能力を高める、という視点が日本の行政にあっていい。

さて商品企画は企業の根幹である。そのことを旅行業はおろそかにしすぎていないだろうか。あるいはまだ気が付いていないのだろうか。航空会社の座席販売戦略にやすやすとのせられ踊っていた時代は過ぎた。あの日本航空が姿を消しかねないご時世なのである。アメリカにおける日本航空ともいうべき航空会社だったパンナムは、30年近く前に姿を消した。市場の変化についていけなかったからである。日本政府は日本の空を守るという建前により、日本の空を30年遅らせてしまった。過保護は子供をスポイルする。

旅行市場も販売チャネルもおおきく変わってしまったのに、肝心の旅行商品だけが変われない。これでは結果が見えている。経営陣もツアープランナーも、社会の動きをもっとよく見つめるべきである。サービスには手間もヒマもかかる。少しばかりリッツ・カールトンの「クレド」なんかが参考になるかもしれない。たとえ数が3分の1になっても、利益を3倍とれるような企画があればいい。「大量に安く」の呪縛から身を引きはがし、「自分がお客だったら」どう判断するかという地点からすべてを見直して見るべきだ。ついでに言うなら、若者の内向き志向などというのは、とんでもない出まかせである。国や社会から親まで、そろって若者を外に出にくく仕向けているのだ。好奇心や文化的衝動から、できるだけ若者を遠ざけようとしている。もっと背中を押してやらなくてはならない。国を挙げて子供を外に出す。それが新しい開国の第一歩である。

それもこれも含めて、とりわけ日本の旅行市場はこれからまだまだ多くの可能性が残されている。というより、積極的なマーケティングによる、本格的掘り起しはこれからだとさえいえるだろう。その鍵を握るのは旅行会社であり、商品のつくり手であるツアープランナーである。旅行会社経営のしっかりしたビジョンのもとに、ツアープランやサービスを根本から見直してほしい。なんとしてもここをきちんと遂行しない限り、市場の拡大はおろか、プレーヤーとしては、市場からの退場を余儀なくされるであろう。企業規模の大小を問わず、である。まさにダーウィンが言ったという、強さでも大きさでもなく「環境の変化に対応したものだけが生き残る」というわけである。ここにまとめた文章は、1年間にわたり週刊トラベルジャーナルに連載した「旅行企画の技法」を1冊にしたものである。ページをさき、背中を押してくれた編集長の細谷昌之さんに感謝する。そして細かく中身に目を通したうえで出版の労をおとりただいた、虹有社の中島伸さんに厚くお礼を申し上げる。

2011年4月

小林天心

小林天心　こばやし　てんしん

株式会社観光進化研究所代表、亜細亜大学教授、北海道大学大学院非常勤講師。1968年同志社大卒。プレイガイドツアーで30年間海外旅行の企画とマーケティングに従事。ニュージーランド観光局日本支局長、日本エコツーリズム協会事務局長、東京都小笠原観光プロデューサーなどを歴任。近著に『ツーリズムの新しい諸相』『国際観光誘致のしかた』（ともに虹有社）がある。

旅行企画のつくりかた
新しいツアープランと顧客の創造

2011年4月25日　第1刷発行
2020年1月6日　第2刷発行

著者　小林天心
発行者　中島伸
発行所　株式会社 虹有社(こうゆうしゃ)
〒112-0011 東京都文京区千石4-24-2-603
TEL 03-3944-0230　FAX 03-3944-0231
https://www.kohyusha.co.jp
info@kohyusha.co.jp
装本・組版　blanc
印刷・製本　モリモト印刷株式会社

　ISBN978-4-7709-0054-8